Lesebuch 8

Erarbeitet von
Birgit Mattke, Jana Mikota,
Luzia Scheuringer-Hillus
Unter Beratung von
Kristina Bullert, Freya Rump

VOLK UND WISSEN

Redaktion: Birgit Patzelt
Bildrecherche: Angelika Wagener
Illustration: Sylvia Graupner, Annaberg-Buchholz
Umschlaggestaltung: werkstatt für gebrauchsgrafik, Berlin
Typografisches Konzept, Satz und Layout:
Farnschläder & Mahlstedt, Hamburg

www.cornelsen.de

Die Webseiten Dritter, deren Internetadressen in diesem Lehrwerk angegeben sind,
wurden vor Drucklegung sorgfältig geprüft. Der Verlag übernimmt keine Gewähr für
die Aktualität und den Inhalt dieser Seiten oder solcher, die mit ihnen verlinkt sind.

Dieses Werk berücksichtigt die Regeln der reformierten Rechtschreibung
und Zeichensetzung. Bei den mit R gekennzeichneten Texten haben
die Rechteinhaber einer Anpassung widersprochen.

* Titel mit einem Sternchen sind redaktionelle Überschriften

1. Auflage, 6. Druck 2021

Alle Drucke dieser Auflage sind inhaltlich unverändert
und können im Unterricht nebeneinander verwendet werden.

Druck: AZ Druck und Datentechnik GmbH, Kempten

ISBN 978-3-06-061732-6

PEFC zertifiziert
Dieses Produkt stammt aus nachhaltig
bewirtschafteten Wäldern und kontrollierten
Quellen.
www.pefc.de

PEFC™
PEFC/04-31-2260

Inhalt

Kapitel 1
Vom Erwachsenwerden

Die Zukunft hat viele Namen.
Für die Schwachen ist sie das Unerreichbare.
Für die Furchtsamen ist sie das Unbekannte.
Für die Tapferen ist sie die Chance.
   Victor Hugo

1 Was gehört für euch zum Erwachsenwerden dazu? Führt ein Brainstorming durch und haltet eure Ergebnisse an der Tafel fest.

2 Diskutiert die verschiedenen Sichtweisen auf die Zukunft, wie sie der französische Schriftsteller Victor Hugo beschreibt.

3 Schreibe einen Text mit deinen Gedanken zum Erwachsenwerden. Das kann ein Gedicht oder ein Prosatext sein.

In den Sommerferien fährt der 14-jährige Logo mit seiner Familie und ihrem Segelboot an einen See. Kurz vor ihrer Ankunft kommt es wegen eines geplatzten Reifens fast zu einem Zusammenstoß mit einem Sportwagen, in dem eine Familie mit ihrer 14-jährigen Tochter sitzt. Doch dann kann das Ferienleben beginnen.

 1 Tauscht euch vor dem Lesen über eure Erfahrungen mit Familienurlaub oder -ausflügen aus. Überlegt, was schön ist und welche Probleme auftreten können.

Andreas Steinhöfel

Trügerische Stille

Es dauerte keine Viertelstunde, bis die *Lavinia* zu Wasser gelassen war. Paps lenkte den Anhänger rückwärts in den See und ließ die Jolle[1] einfach ins Wasser gleiten. Selbstverständlich war es dann meine Aufgabe, sie zum Bootssteg zu paddeln und dort zu vertäuen. Ich schwitzte wie ein Ochse, während
5 Paps seelenruhig auf dem Steg stand, wo er mit erfahrenem Navigatorenblick den Waldensee betrachtete.

»Schade, dass kein Wind geht. Sonst hätten wir eine kleine Probefahrt machen können. Was meinst du?«

Ich zuckte mit den Achseln, wischte mir demonstrativ den Schweiß von
10 der Stirn und sah ihn herausfordernd an. Von mir aus konnte er bis Weihnachten auf eine Antwort warten. Ich hatte die Nase gestrichen voll von seinen Handlangerarbeiten und wollte endlich schwimmen gehen.

Wie ich es erwartet hatte, wich Paps meinem Blick aus. Er beugte sich zur *Lavinia* hinunter und schlug mit der flachen Hand gegen ihren Rumpf. »Tja,
15 dann werde ich mal wieder gehen. Den Anhänger zurückfahren, auspacken und … na ja.«

Als ich ihn davonfahren sah, wusste ich nicht, ob ich mich nur über ihn oder auch darüber ärgern sollte, dass ich ihm nicht gesagt hatte, was mir nicht passte. Dann beschloss ich, mich überhaupt nicht zu ärgern. Verdammt, ich
20 hatte Ferien!

1 kleines Segelboot

2 Logo ärgert sich über seinen Vater und über sich. Beschreibe, wie es dazu kommt.

3 Logo findet in der Ferienanlage schnell einen Freund. Notiere während des Lesens, was du über die beiden Jungen erfährst.

Ich wollte gerade ins Wasser springen, als ich den Jungen sah, der über die Straße geschlendert kam und den Bootssteg ansteuerte. Er war ungefähr so groß wie ich, braun gebrannt und blond und trug eine bunte Badehose.

»Schönes Boot«, sagte er, als er mich erreicht hatte. Er hatte blaue Augen
25 mit winzigen grauen Tupfern und sein breites Grinsen machte ihn mir auf Anhieb sympathisch. »Ihr seid die Neuen, was? Ich bin Arnie. Eigentlich Arnold.«

»Logo.« Eigentlich Lobegott, aber das hielt ich für einen schlechten Einstieg in eine neue Bekanntschaft. »Wir sind erst vorhin hier angekommen.
30 Das heißt, beinahe nicht.« Ich erzählte Arnie von dem Vorfall mit dem geplatzten Reifen und erwähnte dabei [...] das Mädchen.

Er nickte. »Sind seit ein paar Tagen hier. Haben ihr Haus irgendwo auf der anderen Seite der Landzunge, ziemlich tief im Wald.« Er machte eine vage Handbewegung in Richtung
35 der Bäume.

»Meine Mutter hat so etwas befürchtet. Dass die auch hier wohnen, meine ich.«

»Nur keine Panik. Von den Leuten, die hier wohnen, sieht man so gut wie nichts.« Er verzog das Ge-
40 sicht. »Die meisten hängen den ganzen Tag auf der Veranda und am See herum, segeln oder klettern durch die Berge. Bescheuert, bei dieser Hitze.«

Mit Ausnahme des Kletterns war es genau das Programm, das Paps sich auch für unseren Urlaub
45 ausgedacht hatte.

»Weißt du, wie die heißen?«

»Keine Ahnung. Weiß nur, dass der Typ ein Scheißkerl ist. Sind neulich an unserer Hütte vorbeispaziert, die ganze Familie, und er und seine Frau haben sich in
50 den höchsten Tönen gestritten. Das Mädchen mischt sich ein, sagt irgendwas, und er klebt ihr eine. Zack, einfach so.«

»Kennst du sie näher? Das Mädchen, meine ich.«

Arnie zuckte die Achseln. »Nicht richtig. Ab und zu hockt sie bei den Felsen unten am See, kaut Grashalme und glotzt Löcher in die Luft. Ist
55 wahrscheinlich froh, wenn sie ihre Alten nicht um sich haben muss.«

»Wahrscheinlich.«

Er musterte mich mit einer Mischung aus Interesse und Belustigung. »[...]
Bist scharf auf sie, oder? Verstehe ich gut, die ist nicht von schlechten Eltern.«
Er lachte kurz über sein Wortspiel. »Kannst du aber vergessen. Die Kleine ist
60 total abgedreht. Wer sitzt schon freiwillig den ganzen Tag in der Pampa herum und frisst Gras? Hab mal versucht, sie anzuquatschen, aber sie hat mich
abblitzen lassen. Vielleicht ist sie stumm.«

Sein ironisches Grinsen erinnerte mich an Pola[2] und ich wechselte das
Thema. »Eigentlich wollte ich schwimmen gehen. Was ist, kommst du mit?«
65 »Einmal quer durch den See und zurück?«

»Warum nicht?«

Wir hechteten, jeder mit einem Kopfsprung, vom Bootssteg in das Wasser,
das herrlich kühl und erfrischend war. Der See war an dieser Stelle etwa vier-
hundert Meter breit. Wir schwammen bis zur anderen Seite und kehrten so-
70 fort wieder um, ohne das Ufer betreten zu haben, das von wildwuchernden
Büschen begrenzt wurde.

»Wahnsinn!«, keuchte Arnie, als er neben mir auf einem der heißen Felsen
lag. »Es gibt nichts Besseres als Schwimmen.«

»Außer Segeln.«
75 »Kann ich nicht.«

»Es ist kinderleicht.« Ich hatte eine Idee. »Warum kommst du nicht einfach
mit, morgen oder so? Sobald hier mehr Wind geht, wird mein Vater nicht
mehr zu halten sein.« Ich wusste, dass Paps nicht damit einverstanden sein
würde, jemanden mitsegeln zu lassen, den er nicht kannte, aber das war mir
80 ziemlich egal.

»Super!«

Arnie und seine Eltern waren schon fast zwei Wochen hier. Sie wohnten
drei Häuser weiter zum Land hin. Er hatte eine witzige Art zu erzählen und er
war nett. Ich verabredete mich mit ihm für den nächsten Vormittag, und als
85 ich zum Haus zurückging, pfiff ich fröhlich vor mich hin. Ich war erst vor einer Stunde angekommen und hatte schon einen Freund gefunden.

2 Logos 16-jährige Schwester

4 Arnie weiß bereits einiges über das Mädchen und seine Familie mit dem
Sportwagen. Notiere in Stichpunkten, was er erzählt.

5 In der Geschichte werden die äußere Handlung, aber auch die Gedanken
und Gefühle von Logo (innere Handlung) beschrieben. Nenne Beispiele.

Lauren ist mit ihrer Familie von Australien nach England gezogen. Dort wird sie von Sandi und ihrer Clique schikaniert. So zerschneiden sie z.B. heimlich Laurens ungewöhnliches Bild, das sie im Kunstunterricht gemalt hat. Ihre Mitschülerin Alex hingegen interessiert sich für Lauren und besucht sie nach dem Vorfall.

Celia Rees

Klassenspiel

Das Namensschild an der Tür zu Laurens Zimmer wies einige Ergänzungen auf, die mit Filzstift ausgeführt waren. Zum Beispiel war da ein niedliches kleines Mädchen mit einer wilden Mähne aus steil nach oben ragenden Haaren und langen, spitzen Vampirzähnen, von denen Blut tropfte. Und am
5 Türknauf baumelte ein Schild, auf dem Garfield drohend verkündete: Für Eltern verboten!

Alex folgte Lauren ins Zimmer. Als sie die gegenüberliegende Wand sah, blieb sie wie angewurzelt stehen. In der Mitte hing ein riesengroßes Poster, das vom Boden bis zur Decke reichte. Es zeigte eine Surferin, die unter dem ge-
10 waltigen Bogen einer blaugrünen Welle in geduckter, angespannter Haltung auf ihrem Surfbrett stand. Die Gischt oben auf der Welle funkelte wie Kristall und sprühte der Surferin auf die bronzefarbenen Schultern.

Das war beeindruckend, aber noch mehr fesselten Alex die gerahmten Bilder links und rechts daneben. Sie waren in einem strahlenden Schwarz-Weiß
15 gehalten oder in gedämpften Erdtönen: Orange, Gelb, das Rot von getrocknetem Blut. Auf den Bildern waren Menschen zu sehen, manche groß und dünn, andere dick und gedrungen, mit seltsam verzerrten, in die Länge gezogenen Köpfen und riesigen Füßen, mit denen sie wie Zauberwesen aussahen, aus einer anderen Welt.
20 Aber am besten gefielen Alex die Tiere. Es handelte sich um keine realistischen Darstellungen, sie waren nicht naturgetreu und doch waren sie alle erkennbar, als Eidechse oder als Krokodil, wobei die Art, wie die Kopfhaltung oder eine Schwanzbewegung festgehalten war, das Ganze ungemein lebendig machte.
25 »Dir gefällt meine Surferin?« Die Andeutung eines Lächelns huschte über Laurens Gesicht. Sie freute sich darüber, dass ihr Zimmer solchen Eindruck machte. »Die ist toll, nicht? Das ist die australische Meisterin.«

»Ja«, sagte Alex, »aber diese anderen Bilder gefallen mir noch besser. Außer auf deinem Känguru-Bild hab ich so was noch nie gesehn.«

30 »Das ist die Kunst der Aborigines. Die Bilder wurden von den Ureinwohnern Australiens gemalt. Mein Vater war mit mir auf einer Ausstellung in Perth. Ich hab mich dort den ganzen Tag aufgehalten. Er konnte mich erst loseisen, als er mir ein paar davon kaufte. Das sind natürlich keine Originale, nur Poster.«

35 Sie ließ sich in eine Kuschelecke fallen, die aus großen, bunten Kissen bestand, und gab Alex ein Zeichen, dass sie sich neben sie setzen sollte.

Alex nahm Platz, zog die Beine an und schlang die Arme um die Knie. Dabei starrte sie weiterhin auf die Bilder.

① Beschreibe Laurens Zimmer und wie es auf Alex wirkt.

② Im weiteren Verlauf geraten Lauren und Alex in einen Konflikt. Achte beim Lesen darauf, wie es dazu kommt und wie sich die beiden verhalten.

Alex staunte darüber, wie gut die Unterhaltung lief. Im Grunde war sie schon 40 erleichtert, weil sie überhaupt miteinander klarkamen. Gerade als sie sich das eingestand, wandte sich Lauren betont von ihr ab und verstummte. Alex schaute sich um, suchte verzweifelt nach einem neuen Gesprächsthema. Und da entdeckte sie etwas. Mitten auf der Nase einer äußerst grimmig dreinblickenden Maske thronte Sandis rosa Sonnenbrille mit den großen Punkten.

45 »Du hast wirklich ganz erstaunliche Sachen«, stellte sie fest und räusperte sich. »Wo kommen denn die ganzen Masken her?«

Die Wand über dem Bett war voller Masken in den unterschiedlichsten Formen und Größen. Einige wirkten bis auf die grellen Farben ziemlich harmlos und nichtssagend. Andere wiederum hatten Stoßzähne wie Elefanten oder die 50 Reißzähne von Raubtieren und streckten in einer grausigen Grimasse die Zunge heraus.

»Ach«, sagte Lauren, ohne auch nur zu ihnen hinzusehen; stattdessen schaute sie Alex an, behielt sie genau im Blick. »Aus Malaysia, Indonesien, Bali, Hongkong. Aus verschiedenen Gegenden.«

55 »Warst du dort überall?«, fragte Alex.

Sie gab sich alle Mühe, nicht hinzusehen, aber die Sonnenbrille ragte riesengroß vor ihr auf und verstärkte die angespannte Stimmung zwischen ihnen.

»Nicht überall. Ich war in den Ferien auf Bali und in Indonesien, aber die
60 anderen Masken hat mir mein Vater von seinen Geschäftsreisen mitgebracht.«

Alex riss sich von den Masken los und versuchte, zu einer normalen Unterhaltung zurückzufinden. »Was macht dein Vater denn?«, fragte sie.

»Er arbeitet mit Computern.«

»Ach, für wen?«

65 »Für eine große internationale Firma. Deshalb sind wir hierhergezogen«,
erklärte Lauren ungeduldig. »Was machst du hier? Was willst du, Alex?«

»Ich bin einfach deshalb hier, weil deine Mutter mich eingeladen hat …«,
fing Alex an.

»Quatsch!«, rief Lauren. »Du bist mir nach der Schule gefolgt. Du hast mich
70 den ganzen Tag beobachtet. Was willst du von mir? Wenn das eine Falle ist,
hinter der Sandi mit ihren miesen kleinen Freunden steckt, dann kann ich
dich nur warnen. Mir reicht's jetzt nämlich und ich werde …«

»Nein.« Alex hielt die Hände hoch. »Nichts davon. Ehrenwort. Es ist nur,
dass ich – ich wollte mich wegen heute Morgen entschuldigen. Ich fand das so
75 gemein, was mit deinem Bild gemacht wurde. Aber vielleicht hätte ich
Ms Quaid nichts sagen sollen, ohne dich vorher zu fragen. Das tut mir leid.«

Laurens Gesicht blieb verschlossen. Sie setzte eine undurchdringliche Miene auf, die aber zugleich wild und bedrohlich aussah, so wie die Masken an der Wand hinter ihr.

80 »Ja«, sagte sie und ihre grauen Augen blickten stahlhart. »Du solltest wirklich lernen, deine Nase nicht in fremde Angelegenheiten zu stecken. Vielleicht hab ich's ja wirklich selbst gemacht, wie alle behaupten. Und vielleicht hab ich ja auch die Brille geklaut. Woher willst du wissen, dass es nicht so war?« Sie wies mit dem Kinn zu den Masken hinüber und stieß ein raues La-
85 chen aus. »Schau dich nur an, du kannst dich an der Brille gar nicht sattsehen, nicht wahr? Ich weiß genau, was du jetzt denkst.«

Alex schüttelte den Kopf. »Nein, das weißt du nicht«, sagte sie.

»Du kannst mich deshalb ja auch gleich verpfeifen. Was hindert dich daran?«, höhnte Lauren.

90 »Ich petze nicht«, sagte Alex ruhig. »Wo hast du die Sonnenbrille her, Lauren?«

»Vielleicht hab ich sie gestohlen, um dieser blöden Kuh eins auszuwischen ...« Lauren seufzte. Ihr Zorn war mit einem Mal wie weggewischt. »Das stimmt nicht. Sie war in meiner Tasche. Dort hab ich sie gefunden.«

95 Alex nickte. Das passte ins Bild. Darum also war es am Mittwochnachmittag gegangen. Sie hatten den Plan ausgeheckt, Lauren die Brille unterzujubeln, um sie als Diebin hinzustellen. Das Vorhaben war nur daran gescheitert, dass Ms Quaid sich geweigert hatte, eine allgemeine Durchsuchung vorzunehmen. Nachdem sich Alex das ausgetüftelt hatte, unterbreitete sie Lauren
100 ihre Theorie.

3 Eine von Laurens Masken trägt Sandis Sonnenbrille. Stelle dar, wie es dazu gekommen ist.

4 Sammelt Ideen, wie der Konflikt mit Sandis Clique gelöst werden könnte.

»Ja, genau das hab ich mir auch schon überlegt«, sagte Lauren. »Man muss kein Genie sein, um darauf zu kommen.« Sie langte hoch und nahm der Maske die Sonnenbrille ab. »Ich meine, was sollte ich damit schon anfangen? Schau dir das mal an!« Sie setzte sich die Brille auf die Nasenspitze und brachte
105 Alex damit zum Lachen. »Die ist doch wirklich geschmacklos!«

»Vielleicht sollten wir damit zu Ms Quaid gehen«, sagte Alex. »Und alles erklären ...«

»Nein!« Lauren riss sich die Brille herunter.

»Sie glaubt bestimmt nicht, dass du sie genommen hast …«

110 »Nein. Sie würde ein Riesentheater veranstalten und alles nur noch schlimmer machen.« Lauren schüttelte den Kopf. »Du hast doch selbst erlebt, wie sie sich heute Morgen aufgeführt hat. Also, kein Wort. Das ist mein voller Ernst!« Sie schaute Alex durchdringend an und wandte dann den Blick ab. »Ich will nicht, dass meine Mutter davon erfährt. Sie hat schon genug Sorgen.«

115 »Okay.« Alex zuckte mit den Schultern. »Wenn du meinst.«

»Ja, das mein ich.«

»Die werden das noch mal probieren. Das ist dir doch klar, oder?« Alex hob die Brille auf und schwenkte sie durch die Luft.

»Sollen sie doch.« Lauren hatte den Kopf auf die Knie gelegt, sodass ihre
120 Stimme ganz gedämpft klang. »Ist mir doch egal.«

»Vielleicht …«

»Vielleicht was?« Lauren schaute zu Alex hoch.

»Nichts, nur so eine Idee.« Alex stand auf und setzte die Brille wieder der Maske auf die Nase. »Hier ist sie erst mal sicher verwahrt.«

125 Lauren schlang die Arme um die hochgezogenen Knie und hielt ihr Gesicht weiterhin verborgen. Hinter den unvermittelten Ausbrüchen trotziger Feindseligkeit konnte Alex eine dumpfe Resignation spüren, die sie ganz hilflos machte. Mit einem Mal erkannte sie zu ihrer eigenen Verblüffung, dass sie Lauren ehrlich sympathisch fand. Sie wusste allerhand, war viel herumge-
130 kommen und hatte schon eine Menge erlebt. Im Vergleich zu ihr wirkten alle anderen Leute, die Alex kannte, plötzlich sehr langweilig und sie hätte gern mehr über Lauren erfahren. Jetzt war jedoch nicht der richtige Augenblick, um ihr das zu sagen. Das musste sich Alex betrübt eingestehen, als die Stille zwischen ihnen sich immer weiter ausdehnte. Lauren schwieg sich aus und
135 hatte sich so abgeschottet, dass es aussah, als würden sie nie mehr miteinander reden.

5 Fasse zusammen, was Alex über Lauren erfährt und was sie über sie denkt.

6 Untersuche, aus welcher Perspektive erzählt wird. Begründe deine Entscheidung und suche Textstellen, die das belegen.

 **7** Informiert euch über Australien und die Aborigines. Präsentiert eure Ergebnisse auf Plakaten.

Die 15-jährige DJ hat, genau wie ihre beiden älteren Brüder, großes Talent zum Footballspielen. Leider fehlt ihr die Zeit dafür. Denn seit sich ihr Vater die Hüfte gebrochen hat, muss sie mit ihrem jüngeren Bruder Curtis die 32 Kühe der Farm versorgen. Brian, ein Footballstar der Nachbarschule, soll ihnen dabei helfen. Doch heimlich trainiert ihn DJ für die nächste Saison. Beim vorletzten Training passiert etwas Besonderes.

Catherine Gilbert Murdock

Wir Kühe

Am Mittwoch fuhren Dad und Curtis wieder zur Krankengymnastik, sodass Brian und ich ein paar Stunden trainieren konnten. Wir waren beide ziemlich gut gelaunt. Wir würden nur noch einmal – Freitagnachmittag – trainieren, weil am Montag die Vorsaison begann. Ich fühlte mich so fit
5   und gut drauf und Brian auch, dass wir Tackling, also Umschmeißen, übten. Jedes Mal, wenn ich hinter Brian herrannte und versuchte, ihn umzuschmeißen, tat es ein bisschen weniger weh, falls das irgendwie Sinn macht. Ich wusste, dass ich nicht cool genug war, um mit ihm auszugehen, aber ich konnte ihn wenigstens zu Fall bringen. Ich weiß, das klingt jetzt, als ob ich
10   vier wäre. Die meiste Zeit bin ich's wohl auch.
    Nach ein paar Laufübungen waren wir schließlich so kaputt, dass ich mich einfach auf die Wiese fallen ließ und zu den Wolken am Himmel blickte, die immer so komische Grimassen machten.
    »Uff«, sagte Brian und ließ sich neben mir nieder. »Die Vorsaison kann star-
15   ten. Ich bin so weit!«
    »Ich bin so weit, dass mir die Beine abfallen«, sagte ich, und wir lachten.
    »Ich möchte mich bei dir für das hier alles bedanken«, sagte er.
    »Was – für das Spielfeld hier? Vielleicht könnte ich ja bei den Profis als Rasenpfleger arbeiten«, sagte ich grinsend.
20   »Ich meine es ernst. Dafür, dass du mich trainiert hast. Und ... dass du mit mir geredet hast. Das war wirklich wichtig.«
    »Schon okay.« Ich grinste wieder. Was sollte ich auch dazu sagen?
    Wir lagen eine Weile da und lauschten den Vögeln. Es war richtig schön und friedlich. Nach einer Weile sank ich in einen Halbschlaf. Weil ich so ka-
25   putt war, nehme ich an. Ich konnte Brian neben mir rascheln hören. Und

dann – ich erzähle es nicht gerne, bekomme feuchte Hände, wenn ich daran denke, an den schrecklichsten Augenblick meines Lebens – küsste er mich.

Das war nicht schrecklich, okay. Aber es ist doch so: In Filmen tun sie immer so, als wäre Küssen etwas Wunderschönes, Weiches, die Musik fängt an und Vögel singen und zwei Leute schauen sich in die Augen. Das Problem ist – in Filmen wird nie gezeigt, dass man jemanden warnen sollte, bevor man ihn küsst. Niemand beugt sich da einfach über den anderen und küsst ihn, wenn der die Augen geschlossen hat.

Es wäre schön gewesen, echt, wenn ich wenigstens eine Sekunde gehabt hätte, es zu genießen. Nur eine Sekunde, um daran zu denken, dass Brian gerade seine Lippen auf meinen hatte und mich auf eine so romantische Art küsste, die besser war als alles, was ich mir hatte erhoffen können. Und eines Tages – falls ich wiedergeboren werde, denn so etwas Schönes passiert mir bestimmt in meinem ganzen Leben nie wieder – werde ich vielleicht das Gleiche noch einmal erleben und dann wissen, wie ich mich richtig verhalten muss. Oder der Typ wird mich vorher warnen.

Brian hatte mich jedenfalls nicht gewarnt, ich spürte etwas, setzte mich ruckartig auf und knallte mit dem Kopf gegen seine Nase, und die fing zu bluten an. Das war der schreckliche Teil.

45   Über weitere Einzelheiten will ich nicht reden, außer dass ich mich mindestens zehntausendmal bei Brian entschuldigte und durch die Gegend rannte, um kaltes Wasser für ihn zu finden, denn es gab leider Gottes kein Eis auf der Weide. Wir benutzten dann sein T-Shirt, um die Blutung zu stillen, was sicher nicht das Beste war, was diesem T-Shirt je passiert ist, und am Ende

50 konnte er lachen, aber ich nicht. Es wird euch sicher nicht überraschen, aber für den Rest des Tages probierten wir keine Küsse mehr.

    Als Brian nach Hause fahren wollte, machte er immer noch ein paar Witze, die sicher lustig waren. Ich hatte allerdings jedes Mal das Gefühl, dass mir jemand ein Messer im Leib umdreht. Wir joggten nicht mehr, was euch be

55 stimmt auch nicht überrascht. Ich brachte ihn zum Auto. Das T-Shirt hatte er so zusammengeknüllt, dass man die blutigen Stellen nicht sah. Nach allem, was passiert war, sah sein Gesicht gar nicht so schlimm aus. Das Blut hatten wir abgewischt.

    »Es tut mir wirklich leid«, sagte ich zum zehntausendundersten Mal.

60   »Schon okay. Ich spür fast nichts. Wahrscheinlich hast du einen Nerv durchgetrennt.« Ich muss so erschrocken ausgesehen haben, dass er schnell noch »war nur Spaß« sagte.

    Ich nickte unglücklich.

    Er kletterte in seinen Cherokee. »Hey! Mach dir nichts draus, okay?«

65   Ich nickte wieder.

    »Dann seh ich dich Freitag? Noch ein Mal trainieren?«

    Und dann berührte er meine Hand. Nur leicht, aber lange genug, dass ich glaubte, die Fahrt nach Madison irgendwie überstehen zu können. Lange genug, um bis Freitag durchzuhalten.

1 Begründe am Text, warum DJ Brians Kuss als den schrecklichsten Augenblick in ihrem Leben empfindet.

2 Woran kannst du erkennen, dass DJ in Brian verliebt ist? Nenne die Textstellen.

3 Football ist eine beliebte Sportart in den USA. Sucht Informationen über die Spielregeln und die Bedeutung von Football in den USA und in Deutschland.

Schülerin

die liebe

nie meldet sie sich an,
sie kommt, wann und wo
sie will
plötzlich ist sie da,
5 ist er da –
der prinz
ein supertyp ohne pickel
und schlechte angewohnheiten,
mit herz
10 und einer brieftasche aus gold
eine umarmung und
die gedanken fliegen ins
nirgendwo
langsam schlägt dir das herz
15 bis zum hals,
dein blutdruck steigt,
du bekommst hektische flecken
im gesicht,

feuchte hände
20 und weiche knie,
in deinem magen ist der Teufel
los
ein kuss
und die erde wackelt,
25 die welt taucht unter
zwischen rosaroten
wolken

❶ Nenne die Empfindungen, die in dem Gedicht einem verliebten Menschen
zugeschrieben werden.

❷ Erkläre die Bedeutung der Personalpronomen *sie* und *er* in den Zeilen 4 und 5
und die Verwendung von *dir, dein* und *du* (Z.14–22).

❸ Überlegt, wo im Gedicht Alltagserfahrungen, persönliche Gefühle und Träume
eine Rolle spielen.

❹ Suche heraus, auf welche Textstelle sich die Illustration bezieht. Wähle dann
aus dem Gedicht eine andere Textstelle und illustriere sie.

In ihrem Roman erzählt die tschechische Autorin von fünf Jugendlichen und ihrer Suche nach dem Weg ins Leben. Der Titel des Romans bedeutet, dass der Mensch in der Pubertät sich noch keine Schichten zugelegt hat, dass ihn alles, was er erlebt, direkt berührt. Im folgenden Textauszug wird von Filip erzählt, der in den Ferien mit Olin in einem Einkaufscenter jobbt.

1 Lies den folgenden Textauszug. Achte darauf, in welcher Stimmung Filip ist und wie sich diese verändert.

Iva Procházková

Die Nackten

Soll ich dich mitnehmen?«, ruft Olin.
Filip kommt aus der Pforte heraus und blinzelt in die Sonnenstrahlen, die ihn sofort attackieren. Es ist fast fünf, aber es fühlt sich an, als erreichte die Hitze des Tages erst jetzt ihren Höhepunkt. Die Haltestelle ist menschenleer,
5 das Hinterteil des Busses verschwindet hinter dem Hügel, der nächste kommt frühestens in zwanzig Minuten. [...]
»Wenn du willst, dann komm, aber beeil dich!«
Olin steuert mit schnellen Schritten auf den am Rande des Parkplatzes geparkten Skoda zu, wo ein Mädchen in einem roten Kleid wartet. Sie hält sich
10 eine zusammengefaltete Zeitung über die Augen.
»Es wurde nicht bewilligt«, ruft sie Olin entgegen. »Nicht mal nach der Berufung.«
»Das war zu erwarten.« Olin schmeißt seinen Rucksack in das Auto. »Das ist Filip. Er fährt ein Stückchen mit.«
15 »Hallo, ich bin Berenika.« Das Mädchen lächelt. Ihre Zähne sind wie eine Serienfertigung Schneemänner, die Augenbrauen wachsen zu einem Dächlein zusammen, was ihrem Gesicht einen erstaunten Ausdruck verleiht. Die Haare, im Gegensatz zu Olin kurz geschnitten, nehmen im Sonnenlicht einen kupferfarbenen Schimmer an.
20 »Hast du keine Angst?«, fragt sie Filip. »Auf meinem Lappen[1] ist die Tinte noch nass.«

1 *umgangssprachlich* Führerschein

»Wir quatschen nicht, wir haben's eilig!« Schon hat Olin seine Beine unter dem Handschuhfach verstaut. Er trinkt gierig aus einer Plastikflasche [...]: »Los, lasst uns fahren! Quatschen könnt ihr unterwegs!«

25 Filip drückt sich hinter ihn. Der Rucksack ist voller Kram: Drähte, Malerpinsel, eine zusammengerollte Wäscheleine, Büchsen mit Farbe und eine Rolle Stoff. Irgendein Transparent. Oben neben dem entschiedenen NEIN duckt sich ein giftig-gelbes Skelett.

»Die Polizei ist schon da, hält sich aber zurück«, sagt Berenika, während sie 30 langsam von dem Parkplatz fährt. »Wir lassen sicherheitshalber das Auto ein Stück weiter stehen, falls sie die Straßen gesperrt haben.«

»Sagen sie was im Radio?«

»Es ist eine Reporterin aus Agara da. Sie hat ein Interview mit dem Bürgermeister und ein paar Leuten gemacht.« Berenika streckt den Arm nach dem 35 Rückspiegel aus und rückt ihn zurecht. »Bis jetzt sind so um die hundertundfünfzig Leute da.«

»Das ist zu wenig«, brummt Olin enttäuscht. »Ich hab mindestens mit zweimal so viel gerechnet!«

»Die kommen noch, du wirst sehen.«

40 Sie lassen das Einkaufszentrum allmählich hinter sich. Der Nachmittagsverkehr wird dichter, auf der schmalen Landstraße bildet sich ein Stau. Freitag, Wochenendanfang. Nervöses Fahrbahnwechseln. Filip beobachtet die Gesichter der Fahrer, eingesperrt in ihre Blechkisten, und spürt, wie das Gewicht der eigenen Existenz, für einen Augenblick vergessen, wieder schwer auf sei-45 nen Schultern lastet. [...]

»Wo sollen wir dich absetzen?«, fragt Olin.

»Das ist egal!«

»Uns ist das auch egal, sag nur. Am Bahnhof?«

Filip spürt ein beunruhigendes Stechen unter den Rippen. Nur nicht am 50 Bahnhof. Der absolut schlechteste Platz für einen Menschen, der nicht weiß, wohin. [...]

»Und was ist, wenn du mit uns fährst?« Berenikas Augenbrauen im Rückspiegel heben sich fragend, das Dächlein zwischen ihnen wird markanter. Herausfordernder. »Komm, fahr mit! Ich meine, falls du nichts Besseres vorhast.«

55 »Und wohin?«

»Auf die Demo.«

»In dieser Hitze demonstrieren? Dazu muss man schon einen triftigen Grund haben.«

»Vielleicht haben wir ja einen.«

60 Olin reicht ihm die Zeitung und zeigt auf den Artikel mit dem Titel »Gefährliche Nachbarschaft«. Er ist nicht lang. Filip lässt den Blick über die Zeilen schweifen. Nichts Neues unter der Sonne: Gefährlicher Abfall in einer stillgelegten Fabrik deponiert, unzureichend informierte Öffentlichkeit, Proteste der ökologischen Aktivisten, ein unentschlossener, höchstwahrscheinlich 65 korrupter Bürgermeister, eine ungenehmigte Demonstration, Drohungen ... Filip liest zu Ende und beugt sich zu Olin.

»Was genau wollt ihr machen?«

»Das Objekt besetzen«, antwortet Berenika prompt.

»Wir besetzen es nicht, wir blockieren die Einfahrt«, korrigiert Olin. »Es ist 70 so eine halb demolierte Bruchbude, der Hof voll mit Containern. Es gibt dort zwei Tore mit zwei Zufahrten. Wir sperren beide. Wir lassen niemanden rein, und wenn wir uns an den Zaun ketten müssen. Keinen weiteren Laster, keinen weiteren Dreck ...

»Für wie lange?«

75 »So lange, bis sie endlich mit uns reden.«

»Bis jetzt wurden wir gar nicht ernst genommen!«

»Ihr gehört zu diesen Ökoaktivisten?«

»Was heißt schon Aktivisten? Wir sind dort zu Hause, verstehst du? Wir wohnen dort! Da haben wir doch wohl das Recht zu entscheiden, ob gegen- 80 über von unserem Haus irgendeine toxische Kacke gelagert wird, die uns bald alle wie Irrlichter strahlen lässt! Dieser Mistkerl von Bürgermeister hat keinen gefragt und hat uns allen den Totenschein ausgestellt oder wenigstens für unsere Invalidität gesorgt!«

»Wahrscheinlich hat er sich dafür einen fetten Batzen Geld eingesteckt.«

85 »Also was? Gehst du mit?«, fragt Berenika. »Je mehr Leute, desto härter wird der Job für die.«

»Wie weit ist es?«

»Eine knappe halbe Stunde.« Ihr Blick im Rückspiegel. Lebendig, elektrisierend, ohne ein einziges Milligramm Müdigkeit. Filip empfindet ein leichtes 90 Kitzeln auf dem Scheitel und in den Händen, als ob er aufgeladen wurde. Warum sollte er nicht einen Ausflug machen? Zu Hause erwartet ihn keiner, die Eltern sind nach Mähren zur Taufe von irgendeinem Patenkind gefahren und kommen erst in zwei Tagen zurück. Ein Wochenende im leeren Haus verspricht nichts Überwältigendes.

95 »Das schaffst du nie, liebe Schwester, Fuß vom Gaspedal!«, warnt Olin Berenika vor der kommenden Kreuzung. Die Ampel springt gerade auf Rot. Berenika tritt so heftig auf die Bremse, dass das eingerollte Transparent vom Sitz

rutscht. Filip hebt es auf. *Danke, kein Interesse!* steht da neben einem giftig-gel-
ben Skelett. Er erinnert sich daran, dass er vor einem Jahr ein ähnliches Trans-
100 parent aus dem Fenster der Turnhalle gehängt hat. [...]

»Das erinnert mich an etwas«,
sagt er. »Im letzten Jahr hatten wir
in der Schule ein Problem mit dem
Sportlehrer. Er schikanierte jeden,
105 der eine Rolle am Reck nicht schaffte
oder hundert Meter Sprint nicht unter zwölf Sekunden lief. Ein total
kranker Typ. Wir haben eine Sit-
zung des Schülerrats einberufen
110 und einen Antrag verfasst, dass wir
ihn nicht mehr in der Schule haben wollen. Ich musste deswegen einige Paragrafen nachlesen, um zu wissen, wie wir argumentieren könnten. Der Schul-
leiter stellte sich zuerst taub, aber als wir uns in der Turnhalle verbarrikadier-
ten und aus dem Fenster ein Transparent mit *Danke, kein Interesse!* hängten,
115 gab er nach. Jetzt ist der zum Glück weg.«

Olin drehte sich zu ihm: »Kennst du dich mit Paragrafen aus?«

»Eigentlich nicht, ich hab nur das Bürgerliche Gesetzbuch durchgeblättert.
Ich bin der Sprecher in unserem Schülerrat.«

»Dann lassen wir dich aber nicht wieder weg! Jetzt musst du erst recht mit-
120 fahren, du kannst nützlich für uns sein!« Berenikas Augen im Rückspiegel
sind zwei funkensprühende Elektroden. Filip spürt eine deutliche Bewegung
in seinem Brustkorb. [...]

»Also was ist jetzt? Fährst du mit? Oder hast du ein besseres Programm?«

Filip grinst Berenikas Spiegelbild an.

125 »Klar, fahre ich mit«, antwortet er. »Angekettet am Fabriktor! Ein besseres
Freitagsprogramm kann ich mir kaum vorstellen.«

2 Tragt zusammen, was ihr über die Demonstration erfahrt.

3 Erläutere, warum Filip sich entscheidet, mit zur Demonstration zu fahren.

4 Wofür engagierst du dich bzw. wofür möchtest du dich engagieren?
Stelle deinen Standpunkt in einem kurzen Vortrag dar.

Jakob Hein

Nu werdense nich noch frech

Die Überreichung unserer Personalausweise wurde als festliches Ritual gestaltet, das uns als Teile des großen Ganzen DDR fühlen lassen sollte. Allerdings war das Problem, dass alte Leute darüber entschieden, wie dieses Ritual auszusehen hatte. Meines wurde als Diskothek im Kreiskulturhaus ge-
5 staltet. Es begann um drei Uhr. Alle Kinder aus meinem Stadtbezirk waren da, die in den letzten Wochen das 14. Lebensjahr vollendet hatten. Wir trafen uns hier zum ersten und zum letzten Mal. Erst hielt eine viereckige Polizistin eine Rede darüber, wie wir den Personalausweis zu behandeln hätten (gut), wann wir den Personalausweis mithaben sollten (nie) und wann wir bereit sein
10 mussten, den Personalausweis vorzuzeigen (immer). Dann machte ein Komiker, der so schlecht war, dass er sich lieber als Kabarettist vorstellen ließ, ein paar faule Witze über den Personalausweis, alle harmlos, die wirklich bei niemandem außer der Polizistin irgendeine Regung hervorriefen. Die schaute wenigstens sauer, wenn der Komiker solche Dinge sagte wie: »Und denn
15 könnta natürlich auch 'ne dufte Papiertaube aus'm Perso falten.« Ich nehme an, er dachte, dass wir so sprechen.

Dann ging die Disko los. Dazu wurde das Neonlicht abgeschaltet, und ein professioneller Diskotheker spielte DDR-Rocksongs, die wir vorher noch nie gehört hatten, da wir ja ausschließlich Westradio hörten. Es gab Kekse und
20 Cola, und natürlich tanzte niemand. Jedes zweite Lied wurde die Musik unterbrochen, und die Polizistin rief einige Leute nach vorn, um ihnen den Ausweis auszuhändigen. Dann schüttelten sie und der Kabarettist die Hand des Neubesitzers, und die Musik spielte wieder. Die nun einen Ausweis hatten, nahmen ihre Jacken und verließen auf schnellstem Weg das Kreiskulturhaus: Die Rei-
25 henfolge war alphabetisch, sodass ich relativ lange warten musste. Als ich meinen Personalausweis erhielt, war mir von der Kombination aus Cola und Keksen schon kotzübel.

1 Wie beschreibt der Erzähler das Programm für die feierliche Überreichung der Personalausweise in der DDR?

2 Achte beim Weiterlesen darauf, in welche Konflikte der Erzähler gerät und warum.

Nur anfangs war der Personalausweis dafür da, in Kinofilme
30 mit nackten Frauenbrüsten zu kommen. Später diente er mir hauptsächlich als Kommunikationsmittel mit der Volkspolizei. Man bekam den Ausweis
35 in einer schönen Plastikhülle überreicht, in die man die Bilder seiner Lieblingsband steckte. Bei jeder einzelnen Überprüfung musste ich diese Bilder aus der Schutzhülle entfernen, steckte sie
40 sorgsam in die Arschtasche meiner Hose und hinterher wieder in die Plastikhülle. Die ständigen Überprüfungen ohne jede konkrete Konsequenz ließen uns nach und nach den Respekt verlieren. Wer fürchtet sich schon vor einem riesengroßen Hund, der seine Zähne auf dem Nachttisch vergessen hat. Andauernd wurden wir auf der Straße kontrolliert, bekamen ein Alexanderplatz-
45 Verbot ausgesprochen oder wurden von der Transportpolizei auf einem Bahnhof so lange festgehalten, bis unser Zug zum Punkkonzert abgefahren war. Einmal wurde ich für zwölf Stunden in Polizeigewahrsam genommen, weil ich die Straße diagonal überquert hatte. Mehrere Male wurde ich von Polizisten in Diskussionen über mein »unsozialistisches Aussehen« verwickelt, das
50 aus schwarz gefärbten Haaren und Schnürstiefeln bestand. Wenn ich dann aus der DDR-Verfassung zitierte, dass jeder aussehen darf, wie er will, es nicht auf das Aussehen ankommt, oder darauf hinwies, dass Margot Honecker, unsere Volksbildungsministerin und die Frau des Staatsratsvorsitzenden, sogar blau gefärbte Haare hat, oder wenn ich die Genossen in sonstige Widersprü-
55 che verstrickte, kam der überzeugende Satz, den sie wohl in ihrer Ausbildung wieder und wieder geübt hatten: »Nun werdense nich noch frech!«

3 Erkläre, warum der Erzähler immer wieder den Spruch »Nu werdense nich noch frech!« gehört hat.

4 Wozu werdet ihr einmal einen Personalausweis brauchen? Sprecht über seine Bedeutung.

Biografische Fakten in die Analyse einbeziehen

Wenn der Erzähler einer Geschichte aus der Ich-Perspektive schreibt, handelt es sich nicht um das Ich des Autors, sondern um ein ausgedachtes Erzähler-Ich. Allerdings ist es durchaus möglich, dass der Autor persönliche Erlebnisse in seinen Geschichten verarbeitet. Für den Leser kann es eine reizvolle Aufgabe sein, biografische Fakten aufzuspüren.

Um den Zusammenhang von Jakob Heins Biografie und seiner Erzählung »Nu werdense nich noch frech« zu untersuchen, gehst du folgendermaßen vor:

1. Sich über die Biografie des Autors informieren

Jakob Hein, am 25. Oktober 1971 in Leipzig (damals DDR) geboren, wuchs in Berlin (Ost) auf. Er besuchte eine Schule in Friedrichshain, die er 1990 mit dem Abitur abschloss ...

2. Themen der Erzählung untersuchen

Erzählt wird von der Überreichung der Personalausweise zu DDR-Zeiten und über Konflikte von Punks mit der Volkspolizei ...

3. Sich über die historischen Sachverhalte informieren

Mit 14 erhielt jeder DDR-Jugendliche seinen Personalausweis. Dieser musste immer bei sich getragen und auf Verlangen der Polizei vorgezeigt werden ...
In den 80er-Jahren gab es in der DDR eine Punkbewegung, die zum Teil staatlicher Verfolgung ausgesetzt war. So gab es für diese Jugendlichen ein Verbot, sich auf dem Berliner Alexanderplatz aufzuhalten.

4. Überlegen, welche persönlichen Erfahrungen des Autors vermutlich in die Erzählung eingeflossen sind

Jakob Hein hat als Jugendlicher in der DDR vielleicht selbst das Erlebnis gehabt, auf der Straße ohne Grund seinen Ausweis vorzeigen zu müssen.

 1 Informiert euch über die Biografie von Jakob Hein und stellt den Autor in einem Kurzvortrag vor.

Fritzi, die mit ihrer Familie in Leipzig wohnt, erlebt nach den Sommerferien 1989 spannende Wochen bis zum November.

1 Halte während des Lesens in einem Cluster fest, was auf Fritzi wie ein Wunder wirkt.

Hanna Schott

Fritzi war dabei. Eine Wendewundergeschichte

Fritzi, wach auf!«
Papa hat das Licht über meinem Bett angeknipst.
»Fritzi, wir fahren nach München! Zur Oma. Steh auf!«
Sehr witzig. Papa und Mutti gucken echt zu viel Westfernsehen.

5 »Fritzi, wirklich: Die Grenze ist offen! Wir fahren rüber, gleich heute!«
Jetzt bin ich wach.
»Wie spät ist es denn?«
»Fünf.«
»Und warum ist die Grenze auf?«

10 »Weil, weil … Ich weiß auch nicht. Weil ein Wunder passiert ist!«
»Und die Schule?«
»Die schwänzt du heute mal. Am Montag sind wir wieder da.«
Ich sehe, wie Mutti Hanno vom Bett ins Badezimmer schleift. Ich glaube, der schläft noch. Papa ist von meinem Bett verschwunden.

15 Oma, München, Grenze, schulfrei … Ich bin so müde …
Aua! Ich hab mir den Zeh am Regal angestoßen.
In der Küche läuft das Radio. Total laut, als wären wir taub und wohnten allein im Haus.
»Ich hab Brote gemacht«, sagt Papa. »Die essen wir aber erst im Auto. Die

20 Straßen nach Westen sind schon so voll, wir fahren gleich los.«
Seit wann haben wir ein Auto?
Mutti ist noch im Schlafanzug. »Ich hab versucht, Oma anzurufen, aber man kommt nicht durch. Sie wird schon merken, wenn ihr da seid.« […]
Es klingelt an der Tür.

25 »Das ist Christoph, der Klavierlehrer, mein Kollege, kennt ihr nicht, egal, er hat ein Auto, der nimmt auch seine Kinder mit …« Papa redet noch aufgeregter als der Radiomann. »Zieh dich an, es geht los!«

Es ist eng zu viert auf der Rückbank, mit Bettzeug und Picknick auf den Knien. Es ist kalt im Trabi. Und es ist immer noch finstere Nacht.

30 Mutti steht im Morgenmantel auf dem Bürgersteig und winkt. »Es können ja nicht alle auf einmal in den Westen fahren«, sagt sie und lacht. »Ich gehe zur Arbeit. Grüßt die Oma!«

Bin ich überhaupt wach oder träume ich noch? Die Straße ist voller heller Punkte. Wo sonst ganz wenige Autos fahren, sind jetzt ganz viele. Und alle 35 fahren in dieselbe Richtung. Ich sitze neben einem fremden Kind, das seinen Kopf an meine Schulter lehnt und einschläft. Und vorne sitzen zwei Männer, die immer nur »Wahnsinn! Wahnsinn!« sagen.

Als es hell wird, sind wir schon fast an der Grenze.

»Kinder, ein Stau!«, ruft Papa nach hinten. Ich war noch nie in einem Stau, 40 aber so, wie Papa schreit, muss es was ganz Tolles sein.

Ganz langsam zuckeln wir voran. Rechts und links sind Zäune mit Stacheldraht. Vor uns stehen Türme, so ähnlich wie die für die Jäger im Wald, nur höher und aus Stein.

45 »Gestern hätten die hier noch geschossen«, sagt Papa und schüttelt den Kopf.

Es dauert ewig, bis wir am Grenzhäuschen sind.

Papa reicht unsere Ausweise zum Fenster 50 raus. Der Mann mit der Uniform schlägt sie kurz auf, nickt mit dem Kopf und gibt die Ausweise zurück. »Gute Fahrt!«, sagt er, sonst nichts.

Und was sagt Papa? »Wahnsinn!«, natürlich.

»Hier ist Bayern.« Ganz feierlich spricht Christoph das aus. »Und unser 55 Tank ist leer.«

»Da vorne ist doch eine Tankstelle«, sagt Papa.

»Hast du denn Westgeld?«

»Natürlich nicht.« [...]

Christoph fährt vor bis zur Schlange an der Tankstelle. »Ich frag mal, wie 60 die anderen das machen«, sagt er und steigt aus.

Während wir warten, klopft jemand ans Fenster. Papa kurbelt die Scheibe runter.

Zwei Jungen reichen uns ein Bündel Bananen ins Auto.

»Bitte schön! Und guten Appetit!«

65 Schon ziehen sie mit ihrer Kiste weiter. [...]

Christoph zwängt sich wieder auf den Fahrersitz. »Ob ihr's glaubt oder nicht«, sagt er. »Wir kriegen das Benzin geschenkt. Einfach so, zur Begrüßung.«

Wahrscheinlich habe ich halb Bayern verschlafen, denn als ich aufwache,
70 sagt Papa: »Hier müsste es sein.«

»Geh du vor«, sagt Christoph, »wenn sie uns alle auf einmal sieht, kippt deine arme Mutter vor Schreck aus den Pantoffeln.«

Papa steigt aus, klopft seine Hose glatt, fährt mit der Hand durch die strubbeligen Haare, streckt sich, zupft am Hemdkragen und guckt noch mal zu uns
75 ins Auto rein. Er ist ganz schön aufgeregt. Papa war noch nie bei seiner eigenen Mutti zu Hause!

Dann steigt er die Stufen zur Tür hoch und klingelt. Ich presse die Nase an die Scheibe. Hanno starrt neben mir raus und bohrt sein Kinn in meine Schulter. Hoffentlich ist Oma überhaupt da!

80 Aber ein Glück: Die Tür geht auf, und bestimmt hat Oma sie aufgemacht. Sehen kann ich sie nicht, nur die zwei Hände auf Papas Rücken. Papa ist viel größer als Oma, und wahrscheinlich ist sie gerade unter seiner Jacke verschwunden.

Aber dann sehen wir Oma. Eilig trippelt sie die Stufen runter, und wir klet-
85 tern schnell aus dem Auto. Oma hat wirklich Pantoffeln an, aber sie kippt nicht um, sie weint nur. Sie weint so, dass sie noch nicht mal richtig Hallo sagen kann. Erst küsst sie Hanno, dann mich, dann Jens und Lina und dann sogar Christoph, dabei kennt sie die doch gar nicht. Dann küsst sie wieder Papa, und als sie fertig ist, stehen wir alle mit nassen Gesichtern da.

90 »Dürfen wir reinkommen?«, fragt Papa.

»Aber sicher, entschuldigt!« Oma geht vor. »Ich hoffe, ich habe ... Ich wusste ja nicht ...«

»Ich glaube, das ist überhaupt die größte Überraschung der Weltgeschichte«, sagt Christoph. »Vielleicht fällt ja gerade der amerikanische Präsi-
95 dent in Ohnmacht? Der guckt jetzt Frühstücksfernsehen. Und wir sind schon in München.«

2 Skizziert mithilfe eines Atlas Fritzis Autofahrt von Leipzig nach München.

3 Befrage deine Eltern oder Großeltern, wie sie die Grenzöffnung am 9. November 1989 erlebt haben. Nimm das Interview auf.

Fachübergreifendes
Geschichte und Geschichten

Wichtige historische Ereignisse werden in Geschichtsbüchern mit genauen Jahreszahlen vorgestellt und mit Dokumenten und Illustrationen als Quellen versehen. Aber auch in ausgedachten Geschichten und Romanen erfahren wir, wie es früher war. Es gibt Schriftsteller, die sich in ihren
5 Erzählungen über vergangene Zeiten vor allem auf selbst Erlebtes beziehen. Andere Autoren wählen historische Ereignisse, die sie nicht selbst erlebt haben. Sie nutzen historische Dokumente und befragen, wenn möglich, Zeitzeugen, bevor sie ihr Wissen in eine Geschichte einfließen lassen.

Auf die Frage, ob Fritzi das alles erlebt habe, gibt die Autorin Hanna Schott
10 folgende Auskunft: »Früher gab es wirklich zwei Deutschlands, und wer in Leipzig wohnte und eine Oma in München hatte, durfte sie tatsächlich nicht besuchen. [...] Aber ein Mädchen, das Fritzi hieß, war nicht dabei, jedenfalls habe ich es nicht kennen gelernt. Ich habe aber viele andere kennen gelernt, die damals in Fritzis Alter waren und in Leipzig zur Schule gingen. Sie haben
15 mir erzählt, wie sie als Kinder die ›Wende‹ erlebt haben. [...]

Die Frau, die ich als Vorbild für Fritzis Oma genommen habe, war vor langer Zeit Tänzerin in Leipzig und durfte mit ihrem
20 Ensemble in den Westen reisen und dort auftreten. Aber als sie beschloss, dort zu bleiben, statt mit den anderen zurückzufahren, durfte niemand aus ihrer Familie sie in München besuchen. Erst als sie alt
25 war, traute sie sich, nach Leipzig zu fahren, um endlich ihre Familie wiederzusehen.«

Montagsdemo in Leipzig am 30.10.1989

1 Lies die Erläuterungen zur Entstehung des Buches »Fritzi war dabei« und gib sie mit eigenen Worten wieder.

2 Welche historischen Fakten benutzt die Autorin und wo finden sie sich im Roman wieder? Stelle deine Ergebnisse in einer Tabelle gegenüber.

3 Diskutiert, ob Fritzis Geschichte »wahr« ist.

Kapitel 2

»Herr der Diebe« – Vom Buch zum Film

»Du bist also wirklich der Herr der Diebe«, sagte der Fremde leise. »Nun gut, behalte die Maske auf, wenn du dein Gesicht nicht zeigen möchtest. Ich sehe auch so, dass du sehr jung bist.«

Der Herr der Diebe – das ist der geheimnisvolle, 15-jährige Anführer einer Kinderbande in Venedig. Er bestiehlt die Reichen, um für seine Schützlinge zu sorgen. Keiner kennt seinen Namen, seine Herkunft. Auch nicht Bo und Prosper – zwei Waisenkinder, die auf der Flucht vor ihren herzlosen Pflegeeltern Unterschlupf bei der Bande gefunden haben ...

1 Betrachte die Cover von Buch und DVD, lies den Klappentext und das Zitat. Beschreibe, welche Erwartungen du an die Geschichte vom »Herrn der Diebe« hast.

2 Welche Verfilmungen von Büchern kennt ihr? Benennt an einem Beispiel Gemeinsamkeiten und Unterschiede zwischen Buch und Film.

1 Lies den Beginn des Romans. Gib anschließend die Ausgangssituation der Handlung mit eigenen Worten wieder.

Cornelia Funke

Herr der Diebe

Kundschaft für Victor

Es war Herbst in der Stadt des Mondes, als Victor zum ersten Mal von Prosper und Bo hörte. Die Sonne spiegelte sich in den Kanälen und überzog die alten Mauern mit Gold, aber der Wind blies eisig vom Meer herüber, als wollte er die Menschen daran erinnern, dass der Winter kam. In den Gassen schmeck-
5 te der Wind plötzlich nach Schnee, und die Herbstsonne wärmte nur den Engeln und Drachen hoch oben auf den Dächern die steinernen Flügel. [...]

Pfeifend kehrte Victor dem Fenster den Rücken zu und trat vor den Spiegel. Genau das richtige Wetter, um den neuen Bart auszuprobieren, dachte er, während die Sonne ihm den stämmigen Nacken wärmte. Erst gestern hatte er
10 sich das Schmuckstück gekauft: einen gewaltigen Schnurrbart, so dunkel und buschig, dass ein Walross ihn darum beneidet hätte. Vorsichtig klebte er ihn unter seine Nase, stellte sich auf die Zehenspitzen, um etwas größer zu erscheinen, wandte sich nach links, dann nach rechts ... und war so versunken in sein Spiegelbild, dass er die Schritte auf der Treppe erst hörte, als sie vor sei-
15 ner Tür Halt machten. Kundschaft. Verdammt. Musste ihn ausgerechnet jetzt jemand stören?

Mit einem Seufzer setzte er sich hinter seinen Schreibtisch. Vor der Tür flüsterte jemand. Wahrscheinlich bewundern sie mein Schild, dachte Victor. Es war schwarz und glänzend, sein Name stand in goldenen Buchstaben dar-
20 auf: *Victor Getz, Detektiv. Ermittlungen aller Art.* In drei Sprachen hatte er das prägen lassen, schließlich kamen oft Kunden aus anderen Ländern zu ihm. [...]

Worauf warten die da draußen?, dachte er und trommelte mit den Fingern auf die Stuhllehne. »*Avanti!*«, rief er ungeduldig.

Die Tür ging auf und ein Mann und eine Frau betraten Victors Büro, das
25 gleichzeitig sein Wohnzimmer war. Argwöhnisch sahen sie sich um, musterten seine Kakteen, die Bärtesammlung, den Garderobenständer mit den Mützen, Hüten und Perücken, den riesigen Stadtplan an der Wand und den geflügelten Löwen, der als Briefbeschwerer auf dem Schreibtisch stand. »Sprechen Sie Englisch?«, fragte die Frau, obwohl ihr Italienisch nicht schlecht klang.

30 »Selbstverständlich!«, antwortete Victor und wies auf die Stühle vor seinem Schreibtisch. »Englisch ist meine Muttersprache. Was kann ich für Sie tun?«

Zögernd nahmen die beiden Platz. Der Mann verschränkte mit mürrischem Gesicht die Arme und die Frau starrte auf Victors Walrossbart.

35 »Oh. Das. Das ist nur eine neue Tarnung«, erklärte er und zog sich den Bart von der Oberlippe. »In meinem Beruf ist so etwas unerlässlich. Was kann ich für Sie tun? Irgendetwas verloren, gestohlen, entlaufen?«

Wortlos griff die Frau in ihre Handtasche. Sie hatte aschblondes Haar und eine spitze Nase, und ihr Mund sah nicht so aus, als ob sie ihn allzu oft zum Lä-
40 cheln benutzte. Der Mann war ein Riese, mindestens zwei Köpfe größer als Victor. Auf seiner Nase schälte sich ein Sonnenbrand und seine Augen waren klein und farblos. Versteht wahrscheinlich keinen Spaß, dachte Victor und legte die Gesichter der beiden in seinem Gedächtnis ab. Telefonnummern konnte er sich schwer merken, aber ein Gesicht vergaß er nie.

45 »Uns ist etwas verloren gegangen«, sagte die Frau und schob ihm ein Foto über den Schreibtisch. Ihr Englisch war besser als ihr Italienisch.

Zwei Jungen blickten Victor an, der eine blond und klein, mit einem breiten Lächeln auf dem Gesicht, der andere älter, ernst, mit dunklem Haar. Der Größere hatte den Arm um die Schultern des Kleinen gelegt, als wollte er ihn
50 beschützen – vor allem Bösen in der Welt.

»Kinder?« Erstaunt hob Victor den Kopf. »Ich habe ja schon einiges aufspüren müssen: Koffer, Ehemänner, Hunde, entlaufene Eidechsen, aber Sie sind die Ersten, die zu mir kommen, weil Sie Ihre Kinder verloren haben, Herr und Frau ...« Fragend sah er die beiden an.

55 »Hartlieb«, antwortete die Frau. »Esther und Max Hartlieb.«

»Und es sind nicht unsere Kinder«, stellte ihr Mann fest.

Seine spitznasige Frau warf ihm einen ärgerlichen Blick zu. »Prosper und Bonifazius sind die Söhne meiner verstorbenen Schwester«, erklärte sie. »Sie hat die Jungen allein großgezogen. Prosper ist gerade zwölf, Bo ist fünf.« [...]
60 »Vor etwas mehr als acht Wochen sind sie weggelaufen«, fuhr Max Hartlieb fort. »Aus dem Haus ihres Großvaters in Hamburg, wo sie vorübergehend untergebracht waren. Prosper kann seinen kleinen Bruder zu jeder Dummheit überreden, und alles weist darauf hin, dass er Bo hierher geschleppt hat, nach Venedig.«

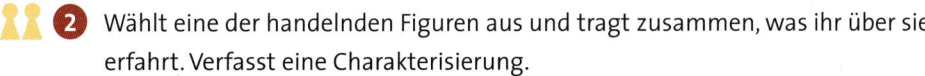 **2** Wählt eine der handelnden Figuren aus und tragt zusammen, was ihr über sie erfahrt. Verfasst eine Charakterisierung.

1 Lies den folgenden Dialog aus dem Film. Was erfährst du über Prosper und Bo?

»Herr der Diebe« – Der Film

Herr und Frau Hartlieb stehen vor einem alten Haus, Victor, mit einem Karton unterm Arm, tritt auf sie zu.

Victor Offenbar wollen Sie zu mir. Victor Getz. Erforschungen aller Art.
(geht mit den Hartliebs durch einen Torgang)

5 Diese Schildkröten habe ich auf dem Fischmarkt gefunden. Die armen faltigen Dinger haben sich zwischen all dem Eis ihre Hintern abgefroren.
(Im Büro.)

Victor *(zieht sich den falschen Schnurrbart ab)* Verkleidung, wenn Sie verstehen. Eine Notwendigkeit in meiner Branche. Also, was kann ich für Sie tun?

10 Etwas gestohlen oder verloren gegangen?

Frau Hartlieb Das. *(reicht Victor ein Foto)* Das haben wir verloren.

Victor Oh, Kinder! Ich habe ja schon einiges aufgespürt. Koffer und Hunde. Gelegentlich einen Ehemann. Aber Sie sind die ersten Mandanten, die jemals ihre Kinder verlegt haben,

15 Herr und Frau …

Frau Hartlieb Hartlieb. Wir sind Herr und Frau Maximilian Hartlieb.

Herr Hartlieb *(reicht Victor eine*

20 *Visitenkarte)* Und es sind nicht unsere Kinder.

Frau Hartlieb Prosper und Bonifazius sind die Söhne meiner Schwester, die verschieden ist. Sie hat die Jungen übrigens allein großge-

25 zogen.

Victor Oh, Prosper und Bonifazius. Auf eigentümliche Weise hat das Charme.

Frau Hartlieb Meine verstorbene Schwester hatte eine Vorliebe für alles Eigentümliche. Wie dem auch sei, als sie von uns ging – vor drei Monaten – haben mein Mann und ich Antrag auf Adoption von Bonifazius gestellt.

30 Seinen älteren Bruder auch noch zu nehmen, wäre wirklich zu viel verlangt gewesen. Ich meine, jeder mit etwas Verstand würde das einsehen.

Herr Hartlieb Prosper hat Bonifazius einfach entführt. Das war vor einer Woche. Und hat ihn mit nach Venedig gebracht.

Victor Und warum sind Sie so sicher, dass die zwei hier sind?

35 **Frau Hartlieb** Ihre Mutter war hingerissen von Venedig. Sie hatte vor, mit den Jungen hierher zu ziehen. *(ab hier Stimme aus dem Off, während man Prosper und Bonifazius in einer dunklen Gasse sieht)* Sie hat ihnen den Kopf verdreht mit all diesem Hokuspokus über die magischen Dinge, die hier passieren.

2 Untersucht, wie der Text von S. 32–33 in eine Szene umgewandelt wurde.

3 Betrachte das Filmbild auf S. 34. Hast du dir die Hartliebs während des Lesens so vorgestellt? Vergleiche mit der Beschreibung im Buch.

4 Überlegt, wie die drei Personen sprechen könnten, und lest den Dialog vor.

5 Während des gesamten Films tritt Victor in unterschiedlichen Tarnungen auf. Betrachte die folgenden Filmbilder und beschreibe, wen er darstellen will.

6 Überlegt euch weitere Tarnmöglichkeiten für Victor und skizziert sie.

1 Lies, wie Prosper und Bo nach Venedig gelangt sind. Achte darauf, mit welchen Schwierigkeiten sie zu kämpfen haben.

Cornelia Funke

Herr der Diebe

Drei Kinder

Die Hartliebs hatten Recht. Prosper und Bo hatten es wirklich geschafft, bis nach Venedig zu kommen. Weit, weit waren sie gefahren, Tage, Nächte, hatten in ratternden Zügen gehockt und sich versteckt vor Schaffnern und neugierigen alten Damen. Hatten sich in stinkenden Klos eingeschlossen und
5 in dunklen Ecken geschlafen, eng aneinander gepresst, hungrig, müde und durchgefroren. Aber sie hatten es geschafft und sie waren immer noch zusammen.

Als ihre Tante Esther auf dem Stuhl vor Victors Schreibtisch Platz nahm, lehnten die beiden an einem Hauseingang, nur wenige Schritte entfernt von der
10 Rialtobrücke. Der kalte Wind blies auch ihnen um die Ohren und flüsterte ihnen zu, dass es vorbei war mit den warmen Tagen. Doch in einem irrte Esther sich. Prosper und Bo waren nicht allein. Ein Mädchen stand bei ihnen, schmal, mit
15 braunem Haar, das sie zu einem Zopf geflochten trug, der ihr dünn wie ein Stachel bis zur Taille hing. Dem Zopf verdankte sie ihren Namen:
20 Wespe. Einen anderen wollte sie nicht. [...]

Prosper stöhnte auf.

Seit sie auf sich gestellt waren, hatte er lernen müssen zu stehlen, erst etwas zu essen, dann auch Geld. Er hasste es. Er hatte so viel Angst dabei, dass ihm
25 die Finger zitterten. Bo dagegen hatte Spaß daran, wie an einem aufregenden Spiel. Aber Prosper hatte ihm das Stehlen verboten und schimpfte ihn jedes Mal fürchterlich aus, wenn er ihn dabei erwischte. Schließlich wollte er nicht, dass Esther behaupten konnte, er, Prosper, habe seinen kleinen Bruder zum Dieb gemacht. [...]

30 Es war so schwer, auf Bo aufzupassen. Seitdem sie sich aus dem Haus ihres Großvaters geschlichen hatten, fragte Prosper sich mindestens dreimal am Tag, ob es richtig gewesen war, seinen kleinen Bruder mitzunehmen. Wie müde Bo in jener Nacht neben ihm hergetrottet war! Nicht

35 ein einziges Mal hatte er Prospers Hand losgelassen. Den ganzen langen Weg zum Bahnhof. Nach Venedig zu kommen, war leichter gewesen, als Pros-
40 per erwartet hatte. Aber als sie in der Stadt ankamen, wurde es schon Herbst und die Luft war nicht warm und weich, wie er sie sich vorgestellt hatte. Ein feuchter Wind strich ihnen entgegen, als sie die
45 Stufen am Bahnhof hinabstiegen, Seite an Seite, in viel zu dünnen Sachen, mit nichts als einem Rucksack und einer kleinen Tasche. Prospers Taschengeld war schnell aufgebraucht, und schon nach der zweiten Nacht auf den feuchten Gassen begann Bo zu husten – so furchtbar, dass Prosper ihn bei der Hand nahm und sich auf die Suche nach dem nächsten Polizisten machte. ›Scusi‹,
50 wollte er sagen, mit den paar Brocken Italienisch, die er damals konnte, ›wir sind weggelaufen, aber mein Bruder ist krank. Würden Sie meine Tante anrufen, damit sie ihn abholt?‹

So verzweifelt war er gewesen, aber dann tauchte Wespe auf. Sie nahm Bo und Prosper mit ins Versteck zu Riccio[1] und Mosca, wo sie trockene Sachen
55 und etwas Warmes zu essen bekamen. Und sie erklärte Prosper, dass es mit dem Hunger und dem Stehlen erst mal ein Ende hatte, weil Scipio, der Herr der Diebe, für sie sorgen würde. So wie er es für Wespe und ihre Freunde tat, für Riccio und Mosca.

1 sprich: [ˈrittʃo]

2 Betrachte die Filmbilder. Welche Haltung nehmen die Figuren ein?
Beschreibe, welche Gefühle ihre Haltung und ihr Gesichtsausdruck verraten.

3 Wählt eine der bislang genannten Figuren aus und beobachtet sie genauer.
Seht euch dazu den Film bis zu dieser Szene an. Erstellt dann eine Rollenkarte.

Fachübergreifendes
Kleines Filmlexikon

Welche Wirkung ein Film auf den Zuschauer hat, hängt nicht nur vom Inhalt und von den Schauspielern ab. Einige weitere Aspekte lernst du hier kennen:

Der Schnitt
Der Schnitt verknüpft zwei Bildeinstellungen. Beim harten Schnitt folgen zwei Einstellungen ohne Übergang aufeinander. Beim weichen Schnitt wird durch Überblendung ein fließender Übergang erreicht.

Die Montage
5 Wenn die einzelnen Einstellungen zu Szenen zusammengefügt werden, so nennt man das Montage. Dabei können die Bilder in der Reihenfolge der Handlung ablaufen (Straight cut), Erzählstränge der Vergangenheit können in einer Rückblende (Flashback) gezeigt oder zwei parallel verlaufende Handlungen neben
10 lungen nebeneinander abgebildet werden (Split screen). Eine Form der Montage, bei der zwei Figuren abwechselnd gezeigt werden, ist der Schuss-Gegenschuss. Diese Technik wird häufig bei Gesprächen genutzt.

Das Licht
Bei Filmaufnahmen kann durch den Einsatz von Licht eine bestimmte Stim
15 mung erzeugt oder verstärkt werden. So erscheint zum Beispiel eine Figur bei Gegenlicht nur wie eine Art Schattenriss (Silhouette) und wirkt dadurch geheimnisvoll. Je nach Ausleuchtung kann eine Szene gleichmäßig hell sein und damit freundlich und harmonisch wirken oder flackernd und dunkel sein, was einen bedrohlichen Eindruck vermittelt.

Der Ton
20 Meist unterhalten sich die Figuren der Handlung direkt miteinander. Manchmal gibt es aber auch einen Erzähler, dessen Stimme aus dem Off, also von außen kommt. Oft wird Hintergrundmusik (Soundtrack) eingesetzt, um die Handlung atmosphärisch zu verstärken.

1 Lies die Sachinformationen auf dieser Seite. Wähle einen Abschnitt aus und recherchiere weitere Fakten zu diesem Aspekt des Films.

Die Kameraeinstellung

Mit der Kameraeinstellung wird der Ausschnitt einer Szene gewählt:

Detail

Nah

Amerikanisch

Halbnah

Halbtotale

Totale

Die Perspektive

Die Perspektive bezeichnet die Blickrichtung der Kamera auf die Szene:

Vogelperspektive

Froschperspektive

2 Welchen Ausschnitt wählt die Kamera in den einzelnen Einstellungen? Beschreibe, was du siehst, und schreibe jeweils eine knappe Definition. Vergleiche anschließend mit der Lösung auf S.159.

3 Bestimme bei den beiden Perspektiven die Blickrichtung und ihre Wirkung.

4 Betrachtet die Filmbilder in diesem Kapitel. Ordnet ihnen die Kamera-einstellungen zu und sucht je ein Beispiel für Vogel- und Froschperspektive.

1 Eine große Rolle in Roman und Film spielt die italienische Stadt Venedig. Arbeite heraus, wie Tante Esther und die Mutter von Prosper und Bo sie sehen.

Cornelia Funke

Herr der Diebe

Venedig*

hre Mutter ist schuld.« Esther Hartlieb kniff die Lippen zusammen und warf einen Blick aus Victors staubigem Fenster. Eine Taube hockte aufgeplustert draußen auf dem Balkongitter, die Federn zerzaust vom Wind. »Meine Schwester hat den Jungen ständig von dieser Stadt erzählt. Dass es hier Löwen mit
5 Flügeln gibt und eine Kirche aus Gold, dass auf den Dächern Engel und Drachen stehen und die Treppen an den Kanälen aussehen, als würden nachts Wassermänner hinaufsteigen, um einen Landspaziergang zu machen.« Ärgerlich schüttelte sie den Kopf. »Meine Schwester konnte so etwas auf eine Art erzählen, dass selbst ich ihr fast geglaubt hätte. Venedig, Venedig, Venedig! Bo
10 hat pausenlos Löwen mit Flügeln gemalt und Prosper hat seiner Mutter sowieso jedes Wort von den Lippen gesogen. Wahrscheinlich hat er gedacht, dass er und Bo geradewegs im Märchenland landen, wenn sie hierher kommen! Mein Gott.« Sie rümpfte die Nase und blickte verächtlich hinaus zu den alten Häusern, von denen der Putz bröckelte.

2 Achte beim Weiterlesen darauf, wie Bo die Stadt erlebt.

15 »Bo, komm weiter!«, drängte Prosper. »Es ist gleich drei. Nun komm endlich.«

Aber Bo stand vor dem großen Portal der Basilika und sah zu den Pferden hinauf. Immer, wenn er auf den Markusplatz kam, blieb er dort stehen, legte den Kopf in den Nacken und guckte zu ihnen hoch. Vier Pferde, riesige goldene Pferde, stampfend und wiehernd standen sie da oben. Bo wunderte sich jedes

20 Mal, dass sie noch nicht heruntergesprungen waren, so lebendig sahen sie aus.

»Bo!« Ungeduldig zog Prosper ihn weiter durch die Trauben von Menschen, die sich vor dem Eingang der riesigen Kirche drängten, begierig darauf, die vergoldeten Decken und

25 Wände zu sehen.

»Sie sind wütend«, sagte Bo, während er sich immer wieder umsah.

»Wer?«

30 »Die goldenen Pferde.«

»Wütend?« Prosper runzelte die Stirn und zerrte ihn weiter.

»Worüber?«

35 »Weil sie sie geraubt und hierher geschleppt haben«, flüsterte Bo. »Wespe hat es mir erzählt.« Ganz fest klammerte er sich an Prospers Hand, als sie um die Basilika herumgingen, damit er seinen großen Bruder nicht in dem Gedränge verlor. In den Gassen machte ihm das keine Angst, aber hier auf dem riesigen Platz schon. Den Lö-

40 wenplatz nannte Bo ihn, er wusste, dass der Platz eigentlich anders hieß, aber er hatte ihn so getauft. Tagsüber gehörte jeder Pflasterstein hier den Tauben und Touristen. Aber nachts, da war Bo ganz sicher, wenn die Tauben auf den Dächern ringsum schliefen und die Menschen längst in ihren Betten lagen, gehörte der Platz den goldenen Pferden und dem geflügelten Löwen, der zwi-

45 schen den Sternen stand.

3 Fasse zusammen, wie der Zauber von Venedig im Text beschrieben wird.

●●● **4** Im Film findet der Regisseur eine Möglichkeit, um Bos Eindrücke der Stadt zu verdeutlichen. Beschreibe sie, nachdem du den Film gesehen hast.

Eine Literaturszene verfilmen

1. Eine passende Szene auswählen

Es sollten möglichst mehrere Personen beteiligt sein, die miteinander sprechen und zusammen handeln. Zu beachten ist, dass der technische Aufwand nicht zu hoch sein darf, eine Verfolgungsjagd lässt sich kaum realisieren.

2. Ein Drehbuch verfassen

Erstellt eine Tabelle. Schreibt zunächst vorhandene Dialoge aus dem Text heraus. Überlegt, wie wichtige Informationen aus dem Erzähltext in das Gespräch einfließen können.

Notiert dann auch Handlungsschritte, Kameraeinstellungen und Hinweise auf Geräusche und Musik.

Einstel-lung	Handlung	Dialoge	Kamera-einstellung	Geräusche/ Musik
1	Ladentür öffnet sich, Prosper und Riccio treten ein	**Prosper:** Hm, schön warm hier. **Riccio:** Aber es stinkt.	halbnah	Glasglöckchen läuten
2	Barbarossa	**Barbarossa:** Ihr Zwerge schon wieder!	amerika-nisch	tuschelnde Touristen
...	...	...	...	...

3. Aufnahme

Nachdem ihr die Szene geprobt habt, nehmt ihr sie von verschiedenen Seiten und aus unterschiedlichen Perspektiven auf, sodass ihr beim Schnitt und in der Montage variantenreich seid.

4. Schnitt – Montage – Fertigstellung

Schneidet zunächst eine »saubere« Fassung ohne Versprecher. Überlegt dann, wie ihr die einzelnen Aufnahmen miteinander verbinden wollt. Bietet sich z. B. eine Schuss-Gegenschuss-Montage an? Stellt euren Film fertig und ergänzt Musik und Geräusche.

 **1** Lest den folgenden Romanauszug. Schreibt ihn zu einer Spielszene um und verfilmt diese. Orientiert euch an der Schrittfolge auf der Methodenseite (S. 42).

Cornelia Funke

Herr der Diebe

Barbarossa

Der Laden, in dem sich schon so manche Beute des Herrn der Diebe in bares Geld verwandelt hatte, lag in einer Gasse unweit der Basilica San Marco, gleich neben einer Pasticceria[1], hinter deren Fenster sich gebackene Köstlichkeiten jeder Form und Größe stapelten.

5 »Nun komm schon!«, sagte Prosper ungeduldig, als Riccio sich die Nase an der Scheibe platt drückte, und Riccio ließ sich widerwillig weiterzerren, die Nase voller Mandelduft.

In Barbarossas Laden roch es nicht halb so gut. Von außen unterschied er sich kaum von all den anderen Trödelläden, die es in der Stadt des Mondes 10 gab. *Ernesto Barbarossa* stand in schnörkeliger Schrift auf dem Glas des Schaufensters, *Ricordi di Venezia*[2]. Dahinter thronten auf fadenscheinigem Samt Vasen und wuchtige Kerzenhalter, umstanden von Gondeln und Insekten aus Glas. Dünnwandiges Porzellan stritt mit Stapeln alter Bücher um einen Platz, Bilder in angelaufenen Silberrahmen lehnten sich neben Masken aus Papier. 15 Bei Barbarossa fand jeder, was sein Herz begehrte, und was der Rotbart nicht in seinen Regalen hatte, besorgte er. Wenn nötig, auch auf krummen Wegen.

Als Prosper die Ladentür öffnete, läuteten Dutzende von Glasglöckchen über seinem Kopf. Einige Touristen drängten sich zwischen den vollgestellten Regalen. [...] Mit gesenkten Köpfen drängten Prosper und Riccio sich an den 20 Fremden vorbei. Einer hielt eine kleine Statue in der Hand, die Mosca dem Rotbart vor zwei Wochen verkauft hatte. Als Prosper das Preisschild sah, das unter ihrem Sockel klebte, stieß er fast die große Gipsfigur um, die mitten im Laden stand.

»Weißt du noch, was Barbarossa uns für die Figur da bezahlt hat?«, fragte er 25 Riccio.

»Nein. Du weißt, ich kann mir keine Zahlen merken.«

»Na, jetzt hängen an der Zahl auf jeden Fall zwei Nullen mehr«, flüsterte Prosper. »Kein schlechtes Geschäft für den Rotbart, oder?« Er trat an den La-

1 Konditorei   2 *ital.:* Andenken an Venedig

dentisch und drückte auf den Klingelknopf neben der Kasse, während Riccio
30 der maskierten Dame, die von einem Bild auf sie herablächelte, Grimassen
schnitt. Den Spaß machte er sich jedes Mal, denn in der schwarzen Maske der
Dame verbarg sich ein Guckloch, durch das Barbarossa beobachtete, ob seine
Kundschaft ihn bestahl.

Nur ein paar Sekunden verstrichen, dann raschelte der Perlenvorhang in
35 der Ecke und Ernesto Barbarossa erschien persönlich. Der Rotbart war so dick,
dass Prosper sich jedes Mal wunderte, mit welcher Behändigkeit er sich durch
den vollgestopften Laden bewegte.

»Ich hoffe, ihr habt diesmal etwas Besseres für mich!«, raunte er ihnen zu,
doch weder Prosper noch Riccio entging, dass er die Tasche, die Prosper gegen
40 seine Brust presste, so gierig musterte wie ein hungriger Kater eine fette Maus.

»Ich glaube, Sie werden zufrieden sein!«, antwortete Prosper. Riccio sagte
nichts, er starrte Barbarossas fuchsroten Bart an, als erwarte er, dass im nächsten Moment irgendetwas herauskrabbeln könnte.

»Was stierst du meinen Bart so an, du Frettchen?«, knurrte der Rotbart.

45 »Ach, ich, ich ...«, Riccio geriet ins Stottern, »ich hab mich nur gefragt, ob er
echt ist. Echt rot, meine ich.«

»Natürlich! Willst du etwa behaupten, ich färbe ihn?«, raunzte Barbarossa
ihn an. »Auf was für lächerliche Ideen ihr Zwerge doch kommt.« Er fuhr sich
mit seinen dicken, beringten Fingern durch den Bart und wies mit dem Kopf
50 unauffällig zu den Touristen, die immer noch tuschelnd zwischen den Regalen standen. »Ich werde die da so schnell wie möglich abfertigen«, raunte er.
»Geht schon mal in mein Büro, aber dass ihr mir ja nichts anrührt, verstanden?«

Prosper und Riccio nickten und verschwanden hinter dem Perlenvorhang.
55 [...] Unter Barbarossas Guckloch stand eine gepolsterte Sitzbank. Riccio stieg
hinauf und lugte in den Laden. »Das musst du dir ansehen, Prop!«, flüsterte er.
»Der Rotbart schnurrt wie ein fetter Kater um diese Touristen herum! Ich
glaube, aus diesem Laden kommt keiner raus, ohne irgendwas gekauft zu haben.« »Ja, und ganz bestimmt zu teuer.« Prosper stellte die Tasche mit Scipios
60 Beute auf einem Stuhl ab und sah sich um. »Bestimmt färbt er ihn«, murmelte
Riccio, ohne das Auge von dem Guckloch zu nehmen. »Ich hab mit Wespe um
drei Comic-Hefte gewettet, dass er es tut.« Barbarossas Kopf war kahl wie eine
Christbaumkugel, aber sein Bart wuchs dicht und kraus. Und war rot wie
Fuchsfell. [...]

65 Prosper trat zu der schmalen Tür, von der das Bild einer Madonna herablächelte, und schob den Kopf hindurch. »Mann, hier ist fast so viel Marmor wie

im Dogenpalast[3]«, hörte Riccio ihn sagen. »Das vornehmste Klo, das ich gesehen habe.« Riccio presste wieder ein Auge gegen das Guckloch. »Prosper, komm da wieder raus!«, rief er leise. »Der Rotbart schiebt sie schon aus der Tür
70 und schließt ab.«

Aber Prosper kam nicht. »Er färbt ihn, Riccio!«, rief er. »Die Flasche steht gleich neben seinem stinkenden Rasierwasser. Puh, riecht das widerlich! Soll ich als Beweis ein Stück Klopapier rot färben?«

»Nein! Du sollst da rauskommen!« Riccio sprang von der Sitzbank. »Schnell,
75 er kommt zurück, verdammt noch mal.« Der Perlenvorhang klimperte – und Prosper und Riccio saßen mit unschuldigen Gesichtern auf den Klappstühlen vor Ernesto Barbarossas Schreibtisch. [...]

»Also, was habt ihr mir heute anzu-
bieten? Ich hoffe, nicht nur Katzen-
80 gold und minderwertige Silberlöffel?«

Mit ausdrucksloser Miene leerte Prosper seine Tasche auf dem Schreibtisch aus. Barbarossa lehnte sich vor, nahm die Zuckerzange, das Medail-
85 lon, die Lupe in die klobigen Finger, drehte und wendete sie, betrachtete sie von allen Seiten, während die Jungen ihn beobachteten. Keine Miene verzog er dabei, legte etwas zur Seite, nahm es noch einmal auf, schob es weg,
90 besah es sich wieder, bis Prosper und Riccio vor Ungeduld mit den Füßen scharrten. Schließlich lehnte Barbarossa sich mit einem Seufzer zurück, legte die Brille auf den Schreibtisch und strich sich über den Bart, als kraule er den Pelz eines Tieres.

»Angebot oder Forderung?«, fragte er.
95 Prosper und Riccio wechselten einen raschen Blick.

»Angebot«, sagte Prosper und versuchte, so auszusehen, als wüsste er ganz genau, wie viel Scipios Beute diesmal wert war.

»Angebot«, wiederholte Barbarossa, legte die Fingerspitzen gegeneinander und schloss für einen Moment die Augen. »Nun gut, ich gebe zu, diesmal sind
100 ein, zwei ganz nette Sachen dabei, deshalb biete ich euch …«, er öffnete die Augen wieder, »… hunderttausend Lire[4]. Weil ihr es seid.«

3 früher Sitz des Dogen, also des Staatsoberhaupts der Republik Venedig, heute Museum
4 ehemalige italienische Währung, Summe entspricht ca. 52 Euro

Riccio hielt ehrfürchtig den Atem an. Er sah all die Kuchen vor sich, die man für hunderttausend Lire bekam. Berge von Kuchen. Aber Prosper schüttelte den Kopf. »Nein«, sagte er und blickte dem Rotbart fest in die Augen.

105 »Fünfhunderttausend, sonst kommen wir nicht ins Geschäft.«

Für einen Moment konnte Barbarossa seine Überraschung nicht verbergen, aber er hatte sich schnell wieder im Griff und zauberte einen Ausdruck ehrlichster Empörung auf sein Mondgesicht. »Bist du verrückt geworden, Junge?«, polterte er los. »Da mache ich euch ein großzügiges Angebot, ein viel

110 zu großzügiges Angebot, und du kommst mir mit so einer wahnwitzigen Forderung? Richtet dem Herrn der Diebe aus, dass er nicht noch einmal dumme Jungen schicken soll, wenn er weiter Geschäfte mit Barbarossa machen will!«

Riccio zog den Kopf zwischen die Schultern und warf Prosper einen besorgten Blick zu, doch

115 der stand nur wortlos auf, öffnete seine Tasche und stopfte die Beutestücke eins nach dem anderen wieder hinein.

Barbarossa sah ihm ohne eine Regung dabei zu. Aber als Prosper nach der Zuckerzange griff,

120 packte er seine Hand, so plötzlich, dass Prosper zusammenzuckte. »Schluss mit den Spielchen!«, knurrte der Rotbart. »Du bist ein schlaues Kerlchen. Ein bisschen zu schlau für meinen Geschmack. Aber der Herr der Diebe und ich haben bisher gute Geschäfte miteinander gemacht, und deshalb zahle ich euch vierhunderttausend, obwohl

125 das meiste, was ihr da habt, Plunder ist. Die Zange gefällt mir. Richtet dem Herrn der Diebe aus, er soll mir öfter etwas in der Art anbieten, dann bleiben wir im Geschäft, auch wenn seine Boten so unverschämt sind wie du.« Er musterte Prosper mit einem Blick, in dem sich Ärger und Respekt mischten.

2 Seht euch den gesamten Film an. Überlegt euch vorher, auf welche Aspekte der Verfilmung ihr achten wollt, und macht euch dazu Notizen.

3 Vergleicht die »Barbarossa«-Szene aus dem Film mit eurer Verfilmung. Welche Ideen habt ihr umgesetzt und worauf hat der Film seinen Schwerpunkt gelegt?

Kapitel 3
Gedichte damals und heute

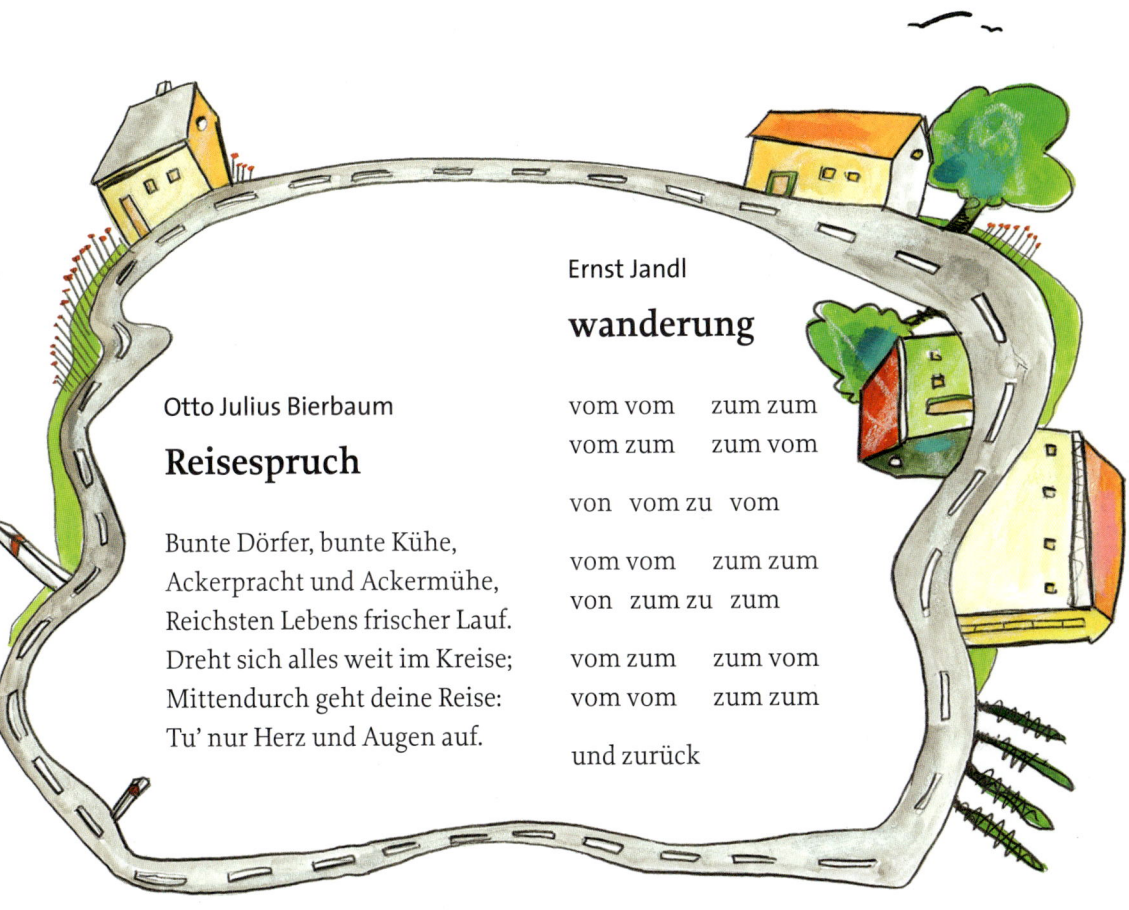

Ernst Jandl

wanderung

vom vom	zum zum
vom zum	zum vom

von vom zu vom

vom vom	zum zum
von zum zu zum

vom zum	zum vom
vom vom	zum zum

und zurück

Otto Julius Bierbaum

Reisespruch

Bunte Dörfer, bunte Kühe,
Ackerpracht und Ackermühe,
Reichsten Lebens frischer Lauf.
Dreht sich alles weit im Kreise;
Mittendurch geht deine Reise:
Tu' nur Herz und Augen auf.

1 Gib den Inhalt der beiden Gedichte mit eigenen Worten wieder und benenne das Thema.

2 Überlegt, aus welcher Zeit die beiden Gedichte stammen könnten und woran ihr das erkennt.

3 Welches Gedicht gefällt dir besser? Begründe deine Meinung.

Kurt Tucholsky

Luftveränderung

Fahre mit der Eisenbahn,
fahre, Junge, fahre!
Auf dem Deck vom Wasserkahn
wehen deine Haare.

5 Tauch in fremde Städte ein,
lauf in fremden Gassen;
höre fremde Menschen schrein,
trink aus fremden Tassen.

Flieh Betrieb und Telefon,
10 grab in alten Schmökern,
sieh am Seinekai[1], mein Sohn,
Weisheit still verhökern.

Lauf in Afrika umher,
reite durch Oasen;
15 lausche auf ein blaues Meer,
hör den Mistral[2] blasen!

Wie du auch die Welt durchflitzt
ohne Rast und Ruh –:
Hinten auf dem Puffer[3] sitzt
20 du.   R

1 Seine: Fluss in Paris; Kai: befestigte Ufer-
   mauer, an der Schiffe anlegen
2 kalter, starker Wind, der aus Nordwesten
   in den Mittelmeerraum weht
3 Stoßdämpfer an Eisenbahnwaggons

1 Fasse die Ratschläge, wie man reisen soll, zusammen.

2 Bestimme die Reimform und beschreibe den Rhythmus des Gedichts.

●●● **3** Schreibe eine zusätzliche Strophe, in der du weitere Tipps zum Reisen gibst.

Ralf Thenior

Gran Canaria

Nein ganz herrlich ganz
wunderbar also jeden Tag
Sonne und baden natürlich
auch jeden Tag schon also
5 fast jeden Tag und ganz
sauber alles die Leute sind
ja so arm da sie machen
sich keinen Begriff in dem
Dorf gibt's kein fließend
10 Wasser keine Elektrizität

nichts und die Frauen waschen
noch am Bach aufm Stein aber
sehr sauber alles und zehn
Kilometer weiter fangen die
15 Bungalows und die Hotel-
hochhäuser an aber wenn sie
fahren auf jeden Fall drei
Wochen zwei Wochen lohnt sich
nicht eine Woche braucht man
20 um sich einzugewöhnen die
erste Woche da wollten wir
am liebsten wieder nach Haus

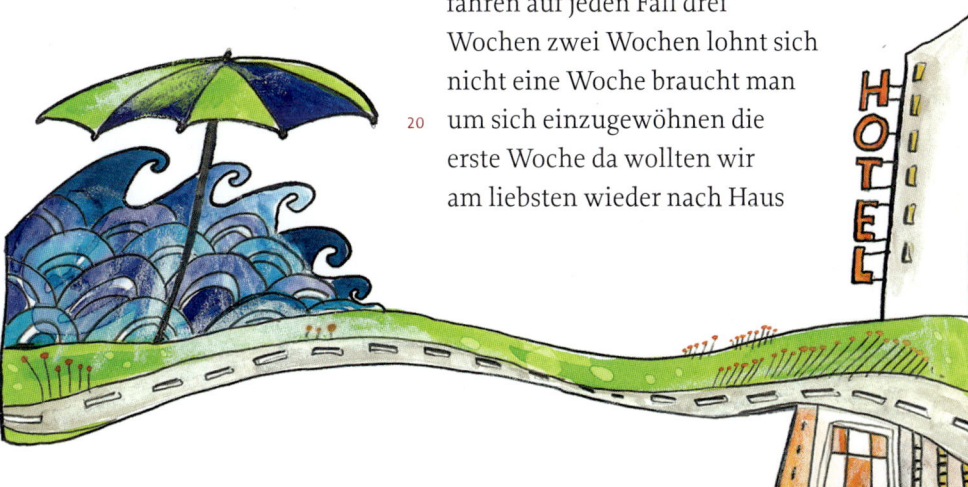

1 Notiere, was über das Leben auf Gran Canaria gesagt wird.
Unterscheide zwischen Inselbewohnern und Touristen.

2 Vergleicht dieses Gedicht mit Tucholskys »Luftveränderung«.
Welche Sicht auf das Reisen wird jeweils deutlich?

3 Eine Besonderheit dieses Gedichts ist der Zeilensprung. Erkläre, was man
darunter versteht, und suche drei Beispiele dafür heraus.

4 Schreibe das Gedicht so auf, dass jede Zeile eine Sinneinheit ist.
Setze die entsprechenden Satzzeichen.

1 Lies die beiden Gedichte auf dieser Doppelseite. Welche Orte werden jeweils beschrieben?

Arno Holz

Märkisches Städtchen

Drei
kleine Straßen
mit Häuserchen wie aus einer Spielzeugschachtel
münden auf den stillen Marktplatz.

5   Der alte Brunnen vor dem Kirchlein rauscht,
die
Linden ... duften.

Das
ist das ... ganze ... Städtchen.

10   Aber draußen,
wo aus einem tiefen, blauen, hohen Himmel Lerchen singen,
blinkt
der ... See,
dunkelen Wälder und wogen Kornfelder.

15   Mir
ist alles ... wie ein Traum!

Soll ich ... bleiben? ... Soll ich
weiterziehen?

Der ... Brunnen ... rauscht ... die ... Linden
20   ... duften ...

Bas Böttcher

Geh'n wir! Teil 1

Wir sind ausgezogen, um neue Gebiete zu erkunden.
Inne Gegend, die wir beide noch nicht kenn'. Und haben einen
reizvollen Fleck gefunden, zum Verlaufen wie dein
Lidstrich im Regen! Und wir brennen aufs Auslaufen

5 ins offene Meer der Straßenzüge. Wir ham dichten Verkehr,
Straßenbahn und S-Bahnzüge lassen Böden beben.
Sag dem öden Leben »Ade«, lass dich gehen; – –, ich
lass dich nicht gehen. Wir erleben abgefah'ne

Phänomene. Wir treiben uns rum, bummeln weiter und
10 erforschen unberührte Territorien und Zonen. Kein
zweiter is', soweit ich weiß, bisher bis hier gekommen.
Die versteckten Regionen zu entdecken. Genau genommen

streichen wir auf ganz bestimmten Strecken an speziellen Ecken
langsam aneinander vorbei. Wir checken, dieser
15 Ausflug ist der Abflug! Das Ziel ist unbekannt!
Und wir machen den nächsten Schritt in unser Neuland.

2 Weggehen oder bleiben? Vergleicht die beiden Gedichte und notiert inhaltliche, formale und sprachliche Gemeinsamkeiten und Unterschiede.

3 Suche in beiden Gedichten Beispiele für einen Zeilensprung heraus. Beschreibe die Wirkung.

4 Schreibe selbst ein Gedicht über einen Ort, den du erkunden möchtest. Wähle dazu eine der beiden Gedichtformen aus.

Fachübergreifendes

Heimat – was ist das?

Fachwerkhaus

D as Wort *Heimat* ist vom germanischen Wort *heim* abgeleitet, das für Haus oder Dorf steht. Als Heimat bezeichnen wir einen Ort, der für einen Menschen eine besondere Bedeutung hat, sei es durch Er-

5 innerungen an Kindheitserlebnisse oder aufgrund eines Zugehörigkeitsgefühls. Dies wird zum einen erzeugt durch das gegenseitige Verstehen, also durch die Sprache bzw. den Dialekt. Zum anderen spielen menschliche Bindungen eine wichtige Rolle: Der Zu-

10 sammenhalt in der Familie und die gemeinsame Bewältigung von Problemen mithilfe von Freunden und Nachbarn festigen heimatliche Gefühle. Auch die besondere Lebensart innerhalb dieser Gruppe ist wichtig, dazu gehören Rezepte für heimische Speisen und Getränke, regionaltypische Kleidung, Feste, Bräuche und Redensarten.

15 Den Begriff *Heimat* verbinden wir nicht unbedingt nur mit dem Ort, in dem wir geboren und aufgewachsen sind. Auch eine Gegend, in der wir uns ständig oder schon lange aufhalten und uns zu Hause fühlen, bezeichnen wir als Heimat.

1 Fasse zusammen, was zur Vorstellung von Heimat gehört.

2 Lies die folgenden Aussagen. Ergänze deine Gedanken zur Heimat.

Kreidefelsen auf Rügen

Einmal im Jahr feiern wir hier ein einzigartiges Fest.

Die Wörter haben bei uns einen besonderen Klang.

Es gibt hier vertraute Gerüche.

Nach diesem Ort habe ich große Sehnsucht, wenn ich weg bin.

Sorbischer Brauch

 3 Stelle auf einem Poster deine Heimat vor.

Mundart-Gedichte

Heike Gewi

Großmuddors Ährndach –
Mit angeloofne Brille
Guchen gnaubln.

Gerd Börner

jwd
uff'n Ascheplatz
rumjurken

Eckhard Erxleben

ick kiek ut fäster
un wat seh ick dann buten
nachbarsche kiekt och

1 Wähle Wörter aus, an denen du erkennen kannst, in welcher Mundart die Dreizeiler geschrieben wurden.

2 Übersetzt die Dreizeiler ins Standarddeutsch. Die Lösungen findet ihr im Anhang (S.159).

3 Schreibe in deiner Mundart selbst einen Dreizeiler über eine besondere Erfahrung in deinem Alltag.

Gedichte aus verschiedenen Zeiten vergleichen

Wenn du Gedichte miteinander vergleichst, die in unterschiedlichen Zeiten entstanden sind, kannst du herausfinden, wie ähnlich oder auch verschieden ein bestimmtes Thema behandelt wird.

Heinrich Heine

Im wunderschönen Monat Mai,
Als alle Knospen sprangen,
Da ist in meinem Herzen
Die Liebe aufgegangen.

Im wunderschönen Monat Mai,
Als alle Vögel sangen,
Da hab' ich ihr gestanden
Mein Sehnen und Verlangen.

Carsten Sebastian Henn

Liebe ist ein Frühlingsfest

8 Blöcke weiter
7 Türen dazwischen
oder
6 Nummern weg
5 richtige Worte, circa
letztendlich
4 Augen
3 Handbreit entfernt
2 Blicke
1 Entscheidung
Keinen Gedanken

1 Lies die beiden Gedichte und notiere deinen ersten Eindruck.

2 Suche die Lebensdaten der Dichter heraus. Du kannst dazu
z. B. im Quellenverzeichnis des Lesebuchs nachschlagen.

3 Lies die folgende Schrittfolge für den Vergleich zweier Gedichte aus unterschiedlichen Zeiten.

1. Schritt:
Informiere dich, wann die Dichter gelebt haben und wann die Gedichte entstanden sind.

2. Schritt:
Bestimme, um welches Thema es in beiden Gedichten geht.

3. Schritt:
Formuliere die jeweilige Grundaussage in einem Satz.

4. Schritt:
Beschreibe, wie die Gedichte auf dich wirken und welche Grundstimmung sie ausdrücken.

5. Schritt:
Untersuche Form und Sprache.

4 Lies die beiden Gedichte noch einmal und vergleiche sie miteinander.
Gehe in der Schrittfolge vor und notiere deine Ergebnisse in einer Tabelle im Heft.

	Im wunderschönen Monat Mai	**Liebe ist ein Frühlingsfest**
Zeit	*Heine:* geboren … entstanden 1827	*Henn:* geboren … entstanden 2004
Thema	sich im Frühling verlieben	sich im Frühling verlieben
Aussage	…	Entfernung kann zur Nähe werden, wenn man die richtigen Worte findet
Stimmung	sehnsüchtig, schwärmerisch	…
Form	…	…
Sprache	…	…

5 Erläutere abschließend, wo und wie die unterschiedliche Entstehungszeit der beiden Gedichte deutlich wird.

1 Auf dieser Doppelseite findet ihr Gedichte, die thematisch zueinander passen, aber zu unterschiedlichen Zeiten entstanden sind. Erarbeitet in Gruppen einen Vergleich der Texte. Nutzt dazu die Methodenseiten (S. 54–55).

Heinrich Heine

Dass du mich liebst, das wusst' ich

Dass du mich liebst, das wusst' ich
Ich hatt' es längst entdeckt;
Doch als du mir's gestanden,
Hat es mich tief erschreckt.

5   Ich stieg wohl auf die Berge
Und jubelte und sang;
Ich ging ans Meer und weinte
Beim Sonnenuntergang.

Mein Herz ist wie die Sonne
10   So flammend anzuseh'n
Und in ein Meer von Liebe
Versinkt es groß und schön.

Bertolt Brecht

Morgens und abends zu lesen

Der, den ich liebe
Hat mir gesagt
Daß er mich braucht.

Darum
Gebe ich auf mich acht
Sehe auf meinen Weg und
Fürchte von jedem Regentropfen
Daß er mich erschlagen könnte.   R

Michael Schönen

Überschrift Doppelpunkt Diktat

Wie soll ich Dich denn nur erreichen
Komma Geliebte Fragezeichen
Denn ich gestehe Doppelpunkt
Es hat bei mir schon längst gefunkt
5 Punkt Dann ein Absatz Neuer Satz
Lass Dich umarmen Komma Schatz
Ausrufezeichen Neue Zeile
Bis ich in Deine Arme eile
Komma träum ich nur von Dir

10 Semikolon Schreibe mir
Punkt Mein Herz Gedankenstrich
es rast und brennt und schlägt für Dich
Komma nur für Dich allein
Ausrufezeichen Absatz Dein
15 Verehrer Klammer auf dann groß
Verwirrt Komma und ruhelos
durch Dich Komma Geliebte Du
Ausrufezeichen Klammer zu

Nicole Burkhardt,
Schülerin

Ich habe
mit dem Fern-Glas
überall
nach jemandem gesucht
5 der mich versteht
und bin
beim vielen Träumen
beinahe
über dich
10 gestolpert.

2 Drei der Gedichte wenden sich an ein *Du*. Verfasse aus der Sicht eines
der Angesprochenen eine Antwort in Form eines Gedichts.

1 Lies die drei folgenden Gedichte und erläutere, in welcher Situation
sich das lyrische Ich jeweils befindet.

Helmut Krausser

heute hat sie nicht angerufen.
es wird nichts zu bedeuten haben.
es bedeutet einfach nur:
sie hat nicht angerufen.
genau genommen nicht mal das.
sie hat nur mich nicht angerufen.
sonst alle menschen dieser welt,
und ich bedeute ihr nichts. das
bedeutet das. sonst aber nichts.

Ulrike Sommer, Schülerin

Du

Du siehst gut aus,
hast ein unverschämt liebes
Lächeln.
Du hast die schönsten Augen, die
5   ich je gesehen habe,
hast unwiderstehlichen Charme.
Du bist grundanständig.
Du kommst mit jedem gut aus.
Du hast nur einen Fehler:
10   Du hast dich nicht in mich verliebt.

Karoline von Günderrode

Die eine Klage

Wer die tiefste aller Wunden
Hat in Geist und Sinn empfunden
Bittrer Trennung Schmerz;
Wer geliebt was er verloren,
5   Lassen muss was er erkoren,
Das geliebte Herz,

Der versteht in Lust die Tränen
Und der Liebe ewig Sehnen
Eins in Zwei zu sein,
10   Eins im Andern sich zu finden,
Dass der Zweiheit Grenzen schwinden
Und des Daseins Pein.

Wer so ganz in Herz und Sinnen
Konnt' ein Wesen liebgewinnen
15   O! den tröstet's nicht
Dass für Freuden, die verloren,
Neue werden neu geboren:
Jene sind's doch nicht.

Das geliebte, süße Leben,
20   Dieses Nehmen und dies Geben,
Wort und Sinn und Blick,
Dieses Suchen und dies Finden,
Dieses Denken und Empfinden
Gibt kein Gott zurück.

2   Vergleicht eure Ergebnisse und benennt das gemeinsame Thema.

3   Wähle zwei Gedichte aus und vergleiche sie in einer Tabelle.
Orientiere dich an den Methodenseiten (S. 54–55).

Eugen Roth

Gehversuche

Weil man als Kind das Gehn gelernt,
meint man, man kann es. Weit entfernt!
Wie schwer, zu gehn zur rechten Zeit!
Wie oft geht einer auch zu weit!
5 Wie selten Leute, die's verstehn,
uns auf die Nerven nicht zu gehen!
Wie mancher zeigt sich völlig blind
Bei Schritten, die entscheidend sind!
Nicht allen ist es wohl gegeben,
10 aufrecht zu gehen durch das Leben.
Ja, wenn man nur, nach Schuld und Sühne,
in sich zu gehen gut verstünde,
hingegen dort, wo es vonnöten,
beherzt aus sich herauszutreten.
15 Es schreiten viele gleich zur Tat,
statt erst mit sich zu gehen zu Rat ...
Natürlich geht da mancher ein. –
Wer mit der Zeit gehn kann, hat's fein,
hingegen muss man jene hassen,
20 die einfach alles gehen lassen.

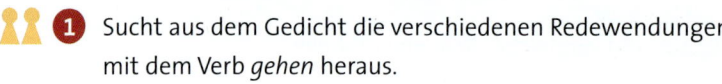

1 Sucht aus dem Gedicht die verschiedenen Redewendungen
mit dem Verb *gehen* heraus.

2 Formuliere das Thema des Gedichts in einem Satz.

1 Auch die beiden folgenden Gedichte beschäftigen sich mit Möglichkeiten, wie sich ein Mensch entwickeln und verhalten kann. Notiere zu jedem Gedicht deinen ersten Eindruck.

Johann Wolfgang von Goethe

Beherzigung

Ach, was soll der Mensch verlangen?
Ist es besser, ruhig bleiben,
Klammernd fest sich anzuhangen?
Ist es besser, sich zu treiben?

5   Soll er sich ein Häuschen bauen?
Soll er unter Zelten leben?
Soll er auf die Felsen trauen?
Selbst die festen Felsen beben.

Eines schickt sich nicht für alle!
10 Sehe jeder, wie er's treibe,
Sehe jeder, wo er bleibe,
Und wer steht, dass er nicht falle!

Erich Fried

Lernfähigkeit

Leicht zu lernen
was ich schon weiß
Schwer zu lernen
was ich noch nicht weiß

5   Eine Lust zu lernen
was ich nicht wissen soll
Eine Qual zu lernen
was ich nicht wissen will

Was ich nicht wissen will
10 kann ich alles wieder vergessen
nur eines nicht:
dass ich es vergessen wollte

2 Vergleicht eure Eindrücke. Tauscht euch darüber aus, welches Gedicht euch besser gefällt. Begründet eure Entscheidung.

3 Wähle ein Gedicht aus und schreibe dazu einen persönlichen Kommentar, in dem du erklärst, was dir an diesem Gedicht besonders wichtig ist.

Walther von der Vogelweide

Under der linden

Under der linden
an der heide,
dâ unser zweier bette was[1],
Dâ muget[2] ir vinden
schône beide[3]
gebrochen[4] bluomen unde gras.
Vor dem walde in einem tal,
tandaradei,
schône sanc diu nahtegal. […]

1 war   2 könnt   3 beides schön
4 gepflückt, niedergedrückt

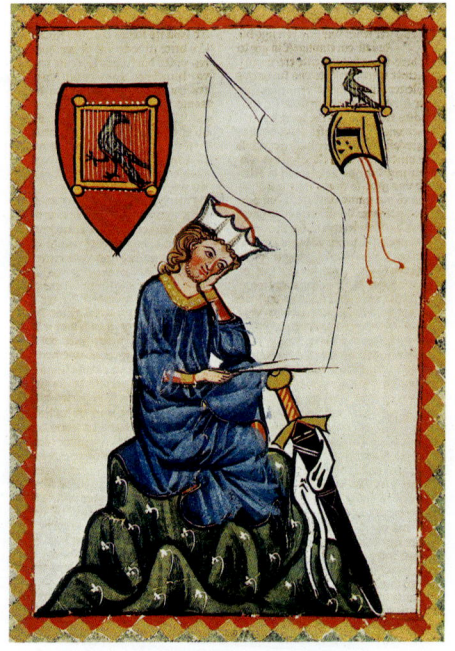

Unbekannter Verfasser

Dû bist mîn

Dû bist mîn[1], ich bin dîn[2]:
des solt dû gewis sîn.
dû bist beslozzen[3]
in mînem herzen:
verlorn ist daz slüzzelîn:
dû muost immer drinne sîn.

1 mein   2 dein
3 eingeschlossen

1 Diese beiden Gedichte sind Minnelieder (d. h. Liebeslieder) aus dem 12. Jahrhundert und wurden in mittelhochdeutscher Sprache verfasst.
Übersetzt sie in die heutige Sprache. Es hilft, wenn ihr die Wörter laut lest.
Vergleicht mit der Lösung auf S. 159.

2 Wähle eines der Gedichte aus und zeige an drei Beispielen, worin sich die mittelhochdeutsche Sprache von der heutigen unterscheidet.

Das Hildebrandslied

Das Hildebrandslied ist einer der ältesten Texte der deutschen Literatur. Von diesem germanischen Heldenlied in althochdeutscher Sprache gibt es nur ein einziges Textzeugnis: Um 830 haben es zwei Mönche von einer Vorlage abgeschrieben. Weil der Platz auf dem Pergament nicht ausreichte, sind nur 68 Langverse erhalten.

Das Hildebrandslied berichtet von einer denkwürdigen Begegnung eines Vaters mit seinem Sohn: Der Heerführer Hildebrand hat vor vielen Jahren mit dem Ostgotenkönig Theoderich (im Text Dietrich genannt) gegen Odoaker, den Kaiser Westroms, gekämpft und wurde daraufhin aus Oberitalien vertrieben. Erst nach dreißig Jahren kehrt er aus dem Exil zurück. An der Landesgrenze trifft er auf das Heer seines Sohnes Hadubrand, der das Land vor Fremden schützen soll.

 1 Lest den Anfang des Heldenlieds. Vergleicht die erste, althochdeutsche mit der zweiten, neuhochdeutschen Fassung.

Ik gihorta dat seggen,
dat sih urhettun ænon muotin:
Hiltibrant enti Hadubrant untar heriun tuem.
sunufatarungo iro saro rihtun.
garutun se iro gudhamun, gurtun sih iro suert ana,
helidos, ubar hringa, do sie to dero hiltiu ritun.

> Ich hörte das sagen,
> dass sich Herausforderer einzeln mühten,
> Hildebrand und Hadubrand, zwischen zwei Heeren.
> Sohn und Vater bereiteten ihre Rüstungen.
> Richteten ihre Kampfgewänder, gürteten sich ihre Schwerter um,
> die Helden, über die Rüstung, als sie zu dem Kampf ritten.

2 Noch wissen weder Vater noch Sohn, wer ihr Gegner ist. Doch vor dem Zweikampf stellen sich die Kämpfer vor. Notiere, was du über die beiden erfährst.

> Hildebrand sagte, Heribrands Sohn, er war der ältere Mann,
> des Lebens erfahrener, er begann zu fragen,
> mit wenigen Worten, wer sein Vater gewesen sei
> unter den Menschen im Volke [...]
> 5 Hadubrand sagte, Hildebrands Sohn:
> »Das sagten mir unsere Leute,
> alte und weise, die früher schon da lebten,
> dass Hildebrand mein Vater heiße, ich heiße Hadubrand.
> Vormals ist er nach Osten geritten, er floh den Zorn Odoakers
> 10 dorthin mit Dietrich und vielen seiner Kämpfer.
> Er ließ im Lande arm zurück
> die Frau in der Hütte und den unerwachsenen Sohn
> erblos: Er ritt nach Osten hin. [...]
> Er war immer an der Spitze des Heeres, ihm war immer der Kampf zu lieb,
> 15 Bekannt war er den Tapfersten.
> Ich glaube nicht, dass er noch lebt.«

3 Hildebrand erkennt, dass er seinem eigenen Sohn gegenübersteht. Achte darauf, wie er versucht, den Kampf zu vermeiden, und wie Hadubrand darauf reagiert.

> »Weißt du Gott«, sprach Hildebrand, »oben vom Himmel,
> dass du niemals solchermaßen verwandte Männer
> in eine Angelegenheit hast geraten lassen!«
> 20 Er wand sich dann von den Armen gewundene Ringe ab,
> aus kaiserlichem Gold gemacht, wie sie ihm der König gab,
> der Herrscher der Hunnen. »Das gebe ich dir nun aus Freundschaft!«
> Hadubrand, Hildebrands Sohn, sagte:
> »Mit dem Speer soll man Geschenke annehmen,
> 25 Spitze gegen Spitze!
> Du dünkst dich, alter Hunne, unmäßig schlau.
> Verlockst mich mit deinen Worten, willst deinen Speer nach mir werfen.
> Du bist ein so alter Mann, wie du ewig Betrug im Sinn hast.
> Das sagten mir Seeleute,

30 westlich über dem Ozean, dass ihn ein Kampf hinnahm:
Tot ist Hildebrand, Heribrands Sohn!«
Hildebrand, Heribrands Sohn, sagte:
»Wohl sehe ich an deiner Rüstung,
dass du daheim einen guten Herrn hast,
35 dass du in diesem Reich noch nie vertrieben wurdest.
Wohlan, nun walte Gott«, sagte Hildebrand, »Unheil geschieht:
Ich wanderte 60 Sommer und Winter außer Landes;
wo man mich immer in das Heer der Kämpfer einordnete.
Wenn man mir an jedweder Burg den Tod nicht beibringen konnte:
40 Nun soll mich das eigene Kind mit dem Schwerte schlagen,
niederschmettern mit der Klinge, oder aber ich werde ihm zum Töter.
Du kannst wohl leicht – wenn deine Kraft (dir) ausreicht –
von einem so alten Mann eine Rüstung gewinnen,
Beute rauben, wenn du da irgendein Recht hast.
45 Der sei doch nun der feigste«, sagte Hildebrand, von den Ostleuten,
»der dir nun den Kampf verweigerte, wo es dich doch so sehr gelüstet
nach gemeinsamem Kampf; (nun) versuche wer mag,
wer von beiden heute das Gewand lassen muss
und dieser Brünnen[1] beider walten (wird).«
50 Dann ließen sie zuerst die Eschenlanzen bersten
in scharfem Kampf, dass sie in den Schilden steckten.
Da ritten sie gegeneinander, spalteten farbige Schilde,
schlugen gefährlich auf weiße Schilde,
bis ihnen ihre Lindenschilde zu Bruch gingen,
55 zerstört von den Waffen …

1 Panzer

4 Erkläre, warum sich der Vater entscheidet, gegen den Sohn zu kämpfen.

5 Da das Hildebrandslied unvollständig überliefert ist, bleibt offen,
wie der Kampf ausgeht. Unterliegt der unerfahrene Sohn gegen seinen
kampferprobten Vater? Oder werden die Kämpfer rechtzeitig aufhören
und sich versöhnen? Diskutiert, welche Lösung des Konflikts euch über-
zeugender erscheint.

6 Verfasse eine Nacherzählung des Hildebrandslieds.

Das Nibelungenlied

1 Wiederholt, was ihr bereits über die Nibelungensage wisst.

2 Lies die erste Strophe des Nibelungenlieds. Was wird dem Leser angekündigt?

> Uns ist in alten mæren   wunders vil geseit
> von helden lobebæren,   von grôzer arebeit,
> von freuden, hôchgezîten,   von weinen und von klagen,
> von küener recken strîten   muget ir nû wunder hœren sagen.

> Uns ist in alten Geschichten   Erstaunliches erzählt:
> von ruhmreichen Helden,   von harter Kampfesnot,
> von Freude und hohen Festen,   von Tränen und Schmerzensschrei,
> von kühner Ritter Taten   könnt ihr jetzt Beispielloses hören.

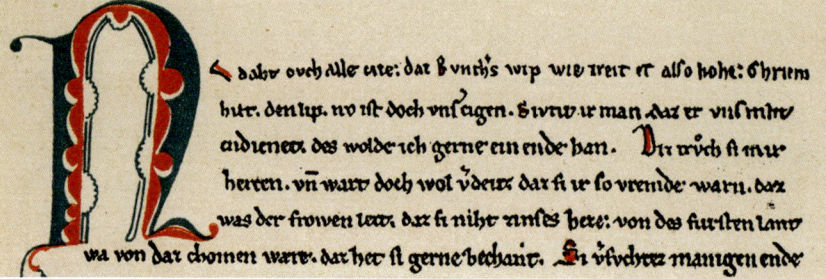

3 Vergleiche den mittelhochdeutschen Anfang mit der Übersetzung in die heutige Sprache. Was fällt dir auf?

4 Übertragt die zweite Strophe in die heutige Sprache. Vergleicht mit der Lösung auf S. 159.

5 Nennt die Informationen, die über Kriemhild, eine der Hauptfiguren, gegeben werden.

> Ez wuohs in Burgonden   ein vil edel magedîn,
> daz in allen landen   niht schoeners möhte sîn,
> Kriemhild geheizen.   Si wart ein schoene wîp.
> dar umbe muosen degene   vil verliesen den lîp[1].

1 Deswegen mussten viele Helden das Leben verlieren.

Siegfried aus Xanten verliebt sich in die Königstochter Kriemhild. Deren
Bruder, König Gunther, möchte Brünhild zur Braut haben. Diese besitzt über-
natürliche Kräfte und will nur einen Mann heiraten, der ihr in drei Kampfspielen
überlegen ist. Siegfried verspricht, Gunther dabei zu helfen. Mithilfe seiner
Tarnkappe kann er die Aufgaben so ausführen, als ob Gunther sie meistert.
Es gibt eine Doppelhochzeit. Zehn Jahre später besuchen Kriemhild und Siegfried Gunther und Brünhild. Nach einigen Tagen kommt es zum Streit.

Die Königinnen hatten   sich zueinandergesetzt
Und sprachen von zwei Rittern,   beide reich an Ruhm.
Die edle Kriemhild sagte: »Ich habe einen Mann,
in dessen Händen sollte   all das Land hier sein.«

5   »Das wäre durchaus möglich«,   antwortete Brünhild,
wenn niemand weiter lebte   außer euch beiden,
dann könnten ihm die Länder   durchaus dienstbar sein.
Solange Gunther lebt,   kann das aber nie geschehen.« [...]

Kriemhild erwiderte: »Mein Mann hat solchen Rang,
10   dass ich mit gutem Grunde   ihn gerühmt habe.
In vielfacher Hinsicht   ist sein Ansehen groß.
Glaube mir, Brünhild,   er ist Gunther gleichgestellt.«

»In der Tat, Kriemhild,   verarge es mir nicht,
doch ich habe nicht grundlos   die Äußerung getan.
15   Ich hörte beide reden,   als ich sie erstmals sah
und der König mich   nach seinem Willen zur Frau nahm.

Als Gunther meine Liebe   ritterlich gewann,
da sagte Siegfried selber,   er sei des Königs Mann.
So halte ich ihn für hörig,   weil er es selbst bekannt.«
20   Da rief die edle Kriemhild: »Dann wäre mir übel geschehen.«

6   Klärt gemeinsam Wörter und Wendungen, die ihr nicht versteht.

7   Fasse zusammen, warum die beiden Frauen in Streit geraten.

Kriemhild hat den Plan, zuerst die Kirche zu betreten. Sie will damit beweisen, dass sie einen höheren Rang einnimmt als Brünhild.

Vor dem großen Münster   begegneten sie sich.
In übermächtigem Hass   ließ sich Brünhild hinreißen,
Kriemhild anzuherrschen,   sie solle stehen bleiben:
»Vor einer Königin   darf keine Unfreie gehen!«

25 Da rief die edle Kriemhild,   auch sie war zornentbrannt:
»Könntest du doch schweigen,   das wäre gut für dich;
Denn du selbst hast dich   deiner Ehre beraubt;
Wie kann eine Kebse²   zu Recht Frau des Königs sein?«

»Wen nennst du eine Kebse?«,   fragte Brünhild sie.
30 »So nenn ich dich«, rief Kriemhild,   »deinen schönen Leib
nahm als Erster Siegfried,   mein geliebter Mann;
nicht mein Bruder war es,   der dir die Jungfräulichkeit nahm. [...]«

Brünhild musste schluchzen,   Kriemhild aber ging
Mit ihrem Gefolge   vor der Frau des Königs
35 Durch die Dompforte.   So entstand der Hass
Und viele leuchtende Augen   wurden dadurch trüb und nass.

2 Sklavin oder Dienerin

8 Stelle dar, wie sich Brünhild und Kriemhild benehmen und welchen Standpunkt sie jeweils einnehmen.

●●● **9** Informiere dich, wie die Geschichte weitergeht. Stelle deine Ergebnisse der Klasse vor.

Kapitel 4

Auf Spurensuche in Kriminal- und Kurzgeschichten

Astrid Lindgren

Arthur Conan Doyle

Agatha Christie

1 Nennt die Namen der abgebildeten Detektive und ordnet sie ihren Autoren zu.

2 Welche Detektive aus Büchern und Filmen kennt ihr noch? Stellt sie kurz vor.

1 Lies den Titel der folgenden Geschichte und sieh dir die Abbildungen an.
Äußere Vermutungen über den möglichen Inhalt der Geschichte.

Roald Dahl

Lammkeule

Das Zimmer war aufgeräumt und warm, die Vorhänge waren zugezogen, die beiden Tischlampen brannten – ihre und die vor dem leeren Sessel gegenüber. Zwei hohe Gläser, Whisky und Sodawasser auf dem Büfett hinter ihr. Frische Eiswürfel im Thermoskübel.

5 Mary Maloney wartete auf ihren Mann, der bald von der Arbeit nach Hause kommen musste.

Hin und wieder warf sie einen Blick auf die Uhr, aber ohne Ungeduld, nur um sich an dem Gedanken zu erfreuen, dass mit jeder Minute der Zeitpunkt seiner Heimkehr näher rückte. Eine heitere Gelassenheit ging von ihr aus und 10 teilte sich allem mit, was sie tat. Die Art, wie sie den Kopf über ihre Näharbeit beugte, hatte etwas Beruhigendes. Sie war im sechsten Monat ihrer Schwangerschaft, und ihre Haut wies eine wunderbare Transparenz auf, der Mund war weich, die Augen mit ihrem neuen, zufriedenen Blick wirkten größer und dunkler als zuvor.

15 Um zehn Minuten vor fünf begann sie zu lauschen, und wenig später, pünktlich wie immer, knirschten draußen die Reifen auf dem Kies. Die Wagentür wurde zugeschlagen, vor dem Fenster erklangen Schritte, und dann drehte sich der Schlüssel im Schloss. Sie legte die Handarbeit beiseite, stand auf und ging zur 20 Tür, um ihn mit einem Kuss zu begrüßen.

»Hallo, Liebling«, sagte sie.

»Hallo«, antwortete er.

Sie nahm seinen Mantel und hängte ihn in den Schrank. Dann machte sie am Büfett die 25 Drinks zurecht – einen ziemlich starken für ihn und einen schwachen für sich –, und bald saßen sie in ihren Sesseln einander gegenüber, sie mit der Näharbeit, während er die Hände um das hohe Glas gelegt hatte und es behut-30 sam hin und her bewegte, sodass die Eiswürfel leise klirrten. [...]

»Müde, Liebling?«

»Ja«, sagte er, »ich bin müde.« Und bei diesen Worten tat er etwas Ungewöhnliches. Er hob sein Glas und leerte es auf einen Zug, obgleich es noch
35 halb voll, mindestens noch halb voll war. [...]

»Wenn du zu müde zum Ausgehen bist«, fuhr sie fort, »dann bleiben wir
eben zu Hause. In der Kühltruhe ist eine Menge Fleisch und Gemüse, und
wenn wir hier essen, brauchst du gar nicht aus deinem Sessel aufzustehen.«

Ihre Augen warteten auf eine Antwort, ein Lächeln, ein kleines Nicken,
40 doch er reagierte nicht.

»Jedenfalls«, sagte sie, »hole ich dir erst einmal etwas Käse und ein paar
Kekse.«

»Ich will nichts.«

Sie rückte unruhig hin und her, die großen Augen forschend auf ihn gerich-
45 tet. »Aber du musst doch zu Abend essen. Ich kann uns schnell etwas braten.
Wirklich, ich tu's gern. Wie wär's mit Koteletts? Vom Lamm oder vom
Schwein, ganz nach Wunsch. Es ist alles da.«

»Ich habe keinen Hunger.« [...]

2 Gib mit eigenen Worten die Ausgangssituation der Geschichte wieder.
Was ist wie immer und was scheint von der täglichen Routine abzuweichen?

3 Notiere beim Weiterlesen den Grund für das besondere Verhalten des Mannes
sowie die innere und äußere Reaktion der Frau darauf.

»Hör zu«, murmelte er. »Ich muss dir etwas sagen.«

50 »Was hast du denn, Liebling? Was ist los?«

Er saß jetzt mit gesenktem Kopf da und rührte sich nicht. Das Licht der
Lampe neben ihm fiel nur auf den oberen Teil seines Gesichts; Kinn und
Mund blieben im Schatten. Sie sah einen kleinen Muskel an seinem linken
Augenwinkel zucken.

55 »Dies wird ein ziemlicher Schlag für dich sein, fürchte ich«, begann er.
»Aber ich habe lange darüber nachgedacht, und meiner Ansicht nach ist es
das einzig Richtige, dir alles offen zu sagen. Ich hoffe nur, dass du es nicht zu
schwernimmst.«

Und so sagte er ihr alles. Es dauerte nicht lange, höchstens vier oder fünf
60 Minuten. Sie hörte ihm zu, stumm, wie betäubt, von ungläubigem Entsetzen
erfüllt, während er sich mit jedem Wort weiter von ihr entfernte.

»Das ist es also«, schloss er. »Ich weiß, dass es nicht gerade die rechte Zeit ist, darüber zu sprechen, aber mir bleibt keine andere Wahl. Natürlich werde ich dir Geld geben und dafür sorgen, dass du einfach hast, was du brauchst.

65 Aber ich möchte jedes Aufsehen vermeiden. Ist ja auch nicht nötig. Ich muss schließlich an meine Stellung denken, nicht wahr?«

Ihre erste Regung war, nichts davon zu glauben, es weit von sich zu weisen. Dann kam ihr der Gedanke, dass er möglicherweise gar nichts gesagt, dass sie sich das alles nur eingebildet hatte. Wenn sie jetzt an ihre Arbeit ging und so

70 tat, als hätte sie nichts gehört, dann würde sie vielleicht später, beim Aufwachen sozusagen, entdecken, dass nie etwas Derartiges geschehen war.

»Ich werde das Essen machen«, flüsterte sie schließlich, und diesmal hielt er sie nicht zurück.

Als sie das Zimmer verließ, fühlte sie nicht, dass ihre Füße den Boden be-

75 rührten. Sie fühlte überhaupt nichts – bis auf ein leichtes Schwindelgefühl und einen Brechreiz. Alles lief jetzt automatisch ab. Die Kellertreppe, der Lichtschalter, die Tiefkühltruhe, die Hand, die in der Truhe den ersten besten Gegenstand ergriff. Sie nahm ihn heraus und betrachtete ihn. Er war in Papier gewickelt, also riss sie das Papier ab und betrachtete ihn von neuem.

80 Eine Lammkeule.

Nun gut, dann würde es Lamm zum Abendessen geben. Sie umfasste das dünne Knochenende mit beiden Händen und trug die Keule nach oben. Als sie durch das Wohnzimmer ging, sah sie ihn mit dem Rücken zu ihr am Fenster stehen. Sie machte halt.

85 »Um Gottes willen«, sagte er, ohne sich umzudrehen, »koch bloß kein Essen für mich. Ich gehe aus.«

In diesem Augenblick trat Mary Maloney einfach hinter ihn, schwang, ohne sich zu besinnen, die große gefrorene Lammkeule hoch

90 in die Luft und ließ sie mit aller Kraft auf seinen Hinterkopf niedersausen.

Ebenso gut hätte sie mit einer eisernen Keule zuschlagen können.

Sie wich einen Schritt zurück und wartete.

95 Seltsamerweise blieb er noch mindestens vier, fünf Sekunden leicht schwankend stehen. Dann stürzte er auf den Teppich.

Der krachende Aufprall, der Lärm, mit dem der kleine Tisch umfiel – diese Geräusche hal-

100 fen ihr, den Schock zu überwinden. Sie kehrte langsam in die Wirklichkeit
zurück, empfand aber nichts als Kälte und Überraschung, während sie mit
zusammengekniffenen Augen den leblosen Körper anstarrte. Ihre Hände um-
klammerten noch immer die idiotische Fleischkeule.

Na schön, sagte sie sich. Ich habe ihn also getötet.

105 Erstaunlich, wie klar ihr Gehirn auf einmal arbeitete. Die Gedanken über-
stürzten sich fast. Als Frau eines Polizeibeamten wusste sie genau, welche
Strafe sie erwartete. Gut, in Ordnung. Ihr machte das gar nichts aus. [...] Aber
das Kind? Wie verfuhr das Gesetz mit Mörderinnen, die ungeborene Kinder
trugen? Tötete man beide – Mutter und Kind? Oder wartete man bis nach der
110 Geburt? Was geschah mit den Kindern?

Mary Maloney wusste es nicht. Und sie war keineswegs gewillt, ein Risiko
einzugehen.

Sie brachte das Fleisch in die Küche, legte es in eine Bratpfanne und schob
es in den eingeschalteten Ofen. Dann wusch sie sich die Hände und lief nach
115 oben ins Schlafzimmer. Sie setzte sich vor den Spiegel, ordnete ihr Haar und
frischte das Make-up auf. Sie versuchte ein Lächeln. Es fiel recht sonderbar
aus. Auch der zweite Versuch missglückte.

»Hallo, Sam«, sagte sie laut und munter.

Die Stimme klang viel zu gezwungen.

120 »Ich hätte gern Kartoffeln, Sam. Ja, und vielleicht eine Dose Erbsen.«

Das war besser. Sowohl die Stimme als auch das Lächeln wirkten jetzt na-
türlicher. Sie probierte es wieder und wieder, bis sie zufrieden war. Dann eilte
sie nach unten, schlüpfte in ihren Mantel, öffnete die Hintertür und ging
durch den Garten auf die Straße.

125 Es war erst kurz vor sechs, und beim Kaufmann brannte noch Licht.

»Hallo, Sam«, sagte sie munter und lächelte dem Mann hinter dem Ladentisch zu.

»Ach, guten Abend, Mrs. Maloney. Wie geht's denn?«

»Ich hätte gern Kartoffeln, Sam. Ja, und vielleicht eine Dose Erbsen.«

130 Der Kaufmann drehte sich um und nahm eine Büchse vom Regal.

»Patrick ist heute so müde, dass er keine Lust hat, sich ins Restaurant zu setzen«, erklärte sie. »Wir essen sonst donnerstags immer auswärts, wissen Sie,
und jetzt habe ich kein Gemüse im Haus.«

»Und was ist mit Fleisch, Mrs. Maloney?«

135 »Fleisch habe ich, danke. Eine schöne Lammkeule aus der Kühltruhe.« [...]

»Sonst noch etwas?« Er neigte den Kopf zur Seite und sah sie wohlgefällig
an. »Na, und der Nachtisch? Was wollen Sie ihm zum Nachtisch geben?«

»Hm … Wozu würden Sie mir denn raten, Sam?«

140 Der Mann schaute sich im Laden um. »Wie wär's mit einem schönen großen Stück Käsekuchen? Den isst er doch gern, nicht wahr?«

»Ja, das ist ein guter Gedanke. Auf Käsekuchen ist er ganz versessen.«

145 Als alles eingewickelt war und sie bezahlt hatte, verabschiedete sie sich mit ihrem freundlichsten Lächeln. »Vielen Dank, Sam. Auf Wiedersehen.«

»Auf Wiedersehen, Mrs. Maloney. Ich habe

150 zu danken.« […]

So ist es recht, ermunterte sie sich. Benimm dich natürlich, genauso wie immer. Lass alles ganz natürlich an dich herankommen, dann brauchst du nicht zu heucheln.

4 Fasse zusammen, welche ersten Maßnahmen Mary Maloney ergreift, um zu vertuschen, was geschehen ist.

So summte sie denn ein Liedchen vor sich hin und lächelte, als sie durch die
155 Hintertür in die Küche trat.

»Patrick!«, rief sie. »Ich bin wieder da, Liebling.«

Sie legte das Paket auf den Tisch und ging ins Wohnzimmer. Und als sie ihn dort liegen sah, auf dem Boden zusammengekrümmt, einen Arm unter dem Körper, da war es wirklich ein Schock.

160 Die Liebe und das Verlangen nach ihm wurden von neuem wach, und sie lief zu ihm hin, kniete neben ihm nieder und weinte bittere Tränen. Es war nicht schwer. Sie brauchte nicht zu heucheln.

Ein paar Minuten später stand sie auf und ging zum Telefon. Die Nummer der Polizeistation wusste sie auswendig. Als sich der Wachtmeister vom
165 Dienst meldete, rief sie: »Schnell! Kommen Sie schnell! Patrick ist tot!«

»Wer spricht denn da?«

»Mrs. Maloney. Mrs. Patrick Maloney.«

»Sie sagen, Patrick Maloney ist tot?«

»Ich glaube, ja«, schluchzte sie. »Er liegt auf dem Boden, und ich glaube, er
170 ist tot.«

»Wir kommen sofort«, sagte der Mann.

Der Wagen fuhr gleich darauf vor. Sie öffnete die Haustür, und zwei Polizisten traten ein. Beide waren ihr bekannt – wie fast alle Beamten des Reviers –, und sie fiel hysterisch weinend in Jack Noonans Arme. Er setzte sie sanft in ei-
175 nen Sessel und ging dann zu seinem Kollegen O'Malley hinüber, der neben dem Leichnam kniete.

»Ist er tot?«, flüsterte sie.

»Ich fürchte, ja. Was ist geschehen?«

Sie erzählte kurz ihre Geschichte – wie sie zum Kaufmann gegangen war und
180 Patrick bei der Rückkehr leblos auf dem Boden gefunden hatte. Während sie sprach, weinte und sprach, entdeckte Noonan etwas geronnenes Blut am Hinterkopf des Toten. Er zeigte es O'Malley, und der stürzte sofort zum Telefon.

Bald erschienen noch mehr Männer. Zuerst ein Arzt, dann zwei Detektive – den einen kannte sie dem Namen nach. Später kam ein Polizeifotograf und
185 machte Aufnahmen; auch ein Experte für Fingerabdrücke traf ein. Es wurde viel geflüstert und gemurmelt neben dem Toten, und die Detektive stellten ihr Fragen über Fragen. Aber sie behandelten sie sehr freundlich. Sie erzählte wieder ihre Geschichte, diesmal von Anfang an: Patrick war nach Hause gekommen, und sie hatte genäht, und er war müde, so müde, dass er nicht zum
190 Abendessen ausgehen wollte. Sie berichtete, wie sie das Fleisch in den Ofen geschoben hatte – »es ist immer noch drin« –, wie sie wegen der Kartoffeln und der Erbsen zum Kaufmann gelaufen war und wie sie Patrick bei der Rückkehr leblos auf dem Boden gefunden hatte.

»Welcher Kaufmann?«, fragte einer der Detektive.
195 Sie sagte es ihm. Er drehte sich schnell um und flüsterte dem anderen Detektiv etwas zu. Der Mann verließ sofort das Haus. Nach einer Viertelstunde kam er mit einer Seite Notizen zurück. Wieder wurde leise verhandelt, und durch ihr Schluchzen hindurch drangen ein paar Satzfetzen an ihr Ohr: »... hat sich völlig normal benommen ... sehr vergnügt ... wollte ihm ein gutes
200 Abendessen machen ... Erbsen ... Käsekuchen ... unmöglich, dass sie ...« [...]

Sie blieb [...] sitzen, während die Männer das Haus durchsuchten. Gelegentlich stellte einer der Detektive ihr eine Frage. Manchmal sprach Jack Noonan ihr sanft zu, wenn er vorbeikam. Von ihm erfuhr sie auch, dass ihr Mann durch einen Schlag auf den Hinterkopf getötet worden war, durch einen
205 Schlag mit einem stumpfen Gegenstand, höchstwahrscheinlich einem großen Stück Metall. Sie suchten die Waffe. Der Mörder, sagte Jack, habe sie vermutlich mitgenommen; er könne sie aber ebenso gut im Garten oder im Haus versteckt haben.

»Es ist die alte Geschichte«, schloss er. »Wenn man die Waffe hat, hat man
210 auch den Täter.« [...]

Die Suche ging weiter. Sie wusste, dass draußen im Garten noch mehr Polizisten waren, denn sie hörte ihre Schritte auf dem Kies, und manchmal sah sie
durch einen Spalt zwischen den Vorhängen das Aufblitzen einer Taschen-
lampe. Es war schon ziemlich spät, fast neun, wie ihr ein Blick auf die Uhr
215 zeigte. Die vier Männer, die die Zimmer durchsuchten, machten einen mü-
den, leicht gereizten Eindruck.

[...] Wachtmeister Noonan ging aus irgendeinem Grund in die Küche, kam
sofort zurück und sagte: »Hören Sie, Mrs. Maloney, Ihr Ofen ist noch an, und
das Fleisch ist noch drin.«

220 »Ach herrje«, rief sie. »Das hatte ich ganz vergessen.«

»Am besten drehe ich ihn wohl aus, was?«

»Ja, Jack, das wäre sehr nett von Ihnen. Herzlichen Dank.«

Als der Sergeant zum zweiten Mal zurückkam, sah sie ihn mit ihren großen
dunklen, tränenfeuchten Augen an. »Jack Noonan ...«, begann sie zaghaft.

225 »Ja?«

»Würden Sie mir einen kleinen Gefallen tun – Sie und die anderen?«

»Wir wollen's versuchen, Mrs. Maloney.«

»Nun«, fuhr sie fort, »Sie alle sind doch gute Freunde meines lieben Patrick
gewesen, und jetzt bemühen Sie sich, den Mann zu fangen, der ihn umge-
230 bracht hat. Inzwischen werden Sie wohl schon schrecklichen Hunger haben,
denn Ihre Essenszeit ist ja längst vorbei. Ich weiß, dass Patrick – Gott sei seiner
Seele gnädig – mir nie verzeihen würde, wenn ich Sie in seinem Haus nicht
anständig bewirtete. Wollen Sie nicht den Lammbraten essen, der im Ofen
ist? Ich denke, er wird gar sein.«

235 »Kommt überhaupt nicht in Frage«, wehrte Jack Noonan bescheiden ab.

»Bitte«, sagte sie flehentlich. »Bitte, essen Sie das Fleisch. Ich könnte kei-
nen Bissen davon anrühren, weil es für Patrick bestimmt war, verstehen Sie?
Aber für Sie ist das etwas anderes. Sie würden mir einen Gefallen tun, wenn
Sie alles aufäßen. Hinterher können Sie ja weiterarbeiten.«

240 Die vier Polizisten widersprachen zwar, doch sie waren tatsächlich sehr
hungrig, und nach einigem Hin und Her willigten sie ein, in die Küche zu gehen und sich zu bedienen. Die Frau blieb in ihrem Sessel sitzen. Durch die offene Tür konnte sie hören, wie sich die Männer unterhielten. Ihre Stimmen
klangen dumpf, wie verschleiert, da sie den Mund voller Fleisch hatten.

245 »Noch ein Stück, Charlie?«

»Nein. Wir wollen lieber nicht alles aufessen.«

»Aber sie will, dass wir's aufessen. Wir tun ihr einen Gefallen damit, hat sie gesagt.«

»Na gut. Dann gib mir noch was.«

250 »Muss eine verdammt dicke Keule gewesen sein, mit der dieser Kerl den armen Patrick erschlagen hat«, bemerkte einer der Polizisten. »Der Doktor sagt, sein Schädel ist völlig zertrümmert. Wie von einem Schmiedehammer.«

»Na, dann dürfte es nicht schwer sein, die Mordwaffe zu finden.«

»Ganz meine Meinung.«

255 »Wer's auch getan hat – er wird so ein Ding nicht länger als nötig mit sich herumschleppen.«

Einer von ihnen rülpste.

»Also ich glaube ja, dass es noch hier im Haus oder im Garten ist.«

»Wahrscheinlich genau vor unserer Nase, was, Jack?«

260 Und im Wohnzimmer begann Mary Maloney zu kichern.

5 Erzähle den Ausgang der Geschichte nach. Weshalb hat Mary Maloney allen Grund zu kichern?

6 Notiere die einzelnen Schritte der Ermittlungsarbeiten und schreibe einen Bericht über den Mordfall für die örtliche Zeitung.

7 Lest noch einmal den letzten Abschnitt. Sucht nach zweideutigen Textstellen, die den besonderen Nervenkitzel dieser Situation wiedergeben.

1 Lies den folgenden Auszug aus einer Kriminalgeschichte, in dem Sherlock Holmes seine geniale Beobachtungsgabe demonstriert.

Arthur Conan Doyle

Ein Skandal in Böhmen

In letzter Zeit hatte ich Holmes kaum zu Gesicht bekommen. Meine Heirat hatte uns auseinandertreiben lassen. Mein vollkommenes Glück und die auf

5 die unmittelbare Umgebung bezogenen Interessen, die dem Mann erwachsen, der sich erstmals Herr eines eigenen Hausstands findet, reichten aus, um meine ganze Aufmerksamkeit in Anspruch zu nehmen; Holmes dagegen, der jede Form von Gesellschaft mit sei-

10 ner ganzen Boheme[1]-Seele verabscheute, blieb in unserer Behausung in der Baker Street, vergrub sich zwischen seinen alten Büchern [...]. Wie zuvor zog ihn das Studium des Verbrechens zutiefst an, und er verwandte seine gewaltigen Geistesgaben und seine außerordentlichen Beobachtungskünste darauf, jenen Hinweisen nachzugehen und jene Rätsel zu lösen, die von der Polizei als

15 hoffnungslos aufgegeben worden waren. Von Zeit zu Zeit hörte ich vage Berichte über seine Taten: Über seine Einladung nach Odessa im Mordfall Trepoff, seine Aufklärung der einzigartigen Tragödie der Brüder Atkinson in Trincomalee, schließlich über den Auftrag, den er für das holländische Herrscherhaus mit so viel Feingefühl und Erfolg erfüllte. Über diese Anzeichen

20 seiner Aktivität hinaus, an denen ich den gleichen Anteil hatte wie alle Leser der Tagespresse, wusste ich jedoch kaum etwas über meinen früheren Freund und Gefährten.

Eines Abends – es war der 20. März 1888 – kehrte ich eben von der Fahrt zu einem Patienten zurück (denn ich hatte wieder im zivilen Bereich zu prakti-

25 zieren begonnen), als mein Weg mich durch die Baker Street führte. Beim Passieren der wohlbekannten Tür [...] befiel mich der lebhafte Wunsch, Holmes wiederzusehen und zu erfahren, worauf er zurzeit seine außergewöhnlichen Fähigkeiten verwandte. Seine Räume waren strahlend hell erleuchtet, und noch als ich emporschaute, sah ich seine große hagere Gestalt zweimal als

1 Mensch, der frei von gesellschaftlichen Zwängen lebt, oft Künstler

30 dunkle Silhouette an der Gardine vorbeigehen. Er schritt schnell und versunken im Raum auf und ab, das Kinn auf der Brust, die Hände hinter dem Rücken verschränkt. Mir, der ich alle seiner Stimmungen und Angewohnheiten kannte, erzählten seine Haltung und sein Verhalten ihre Geschichte. Er war wieder bei der Arbeit [...] und war einem neuen Problem eng auf der Fährte.

35 Ich zog an der Türglocke und wurde zu dem Zimmer emporgeführt, das früher teilweise mein eigenes gewesen war.

Er war nicht gerade überschwänglich. Das war er selten; ich glaube aber, dass er sich freute, mich zu sehen. Fast ohne ein Wort zu sagen, aber mit freundlichen Blicken bot er mir einen Lehnstuhl an [...]. Dann stand er vor

40 dem Kamin und musterte mich in seiner merkwürdig eindringlichen Weise.

»Der Ehestand bekommt Ihnen gut«, bemerkte er. »Ich glaube, Sie haben siebeneinhalb Pfund zugenommen, seit ich Sie zuletzt gesehen habe, Watson.«

»Sieben«, gab ich zurück.

45 »So? Ich hätte gedacht, es wäre ein wenig mehr. Natürlich nur ein kleines bisschen mehr, schätze ich, Watson. Und Sie praktizieren wieder, wie ich sehe. Sie haben mir doch gar nichts davon erzählt, dass Sie wieder in die Sielen[2] steigen wollten.«

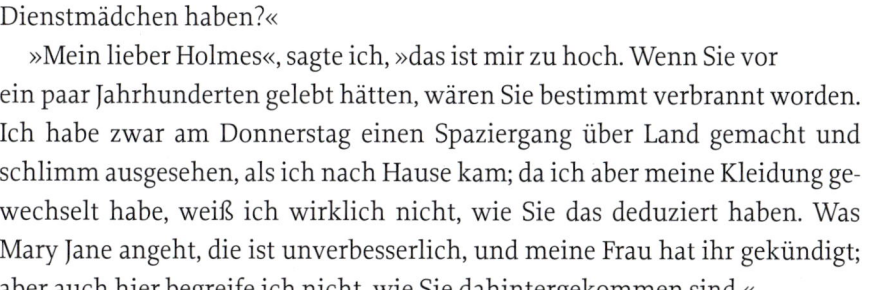

50 »Woher wissen Sie es dann?«

»Ich sehe es, ich deduziere[3] es. Woher weiß ich denn wohl, dass Sie vor Kurzem sehr nass geworden sind und dass Sie ein sehr ungeschicktes und unaufmerksames Dienstmädchen haben?«

55 »Mein lieber Holmes«, sagte ich, »das ist mir zu hoch. Wenn Sie vor ein paar Jahrhunderten gelebt hätten, wären Sie bestimmt verbrannt worden. Ich habe zwar am Donnerstag einen Spaziergang über Land gemacht und schlimm ausgesehen, als ich nach Hause kam; da ich aber meine Kleidung gewechselt habe, weiß ich wirklich nicht, wie Sie das deduziert haben. Was

60 Mary Jane angeht, die ist unverbesserlich, und meine Frau hat ihr gekündigt; aber auch hier begreife ich nicht, wie Sie dahintergekommen sind.«

Er lachte in sich hinein und rieb seine langen, nervigen Hände.

»Nichts einfacher als das«, sagte er; »meine Augen sagen mir, dass auf der Innenseite Ihres linken Schuhs, gerade dort, wo das Licht des Feuers hinfällt,

65 das Leder von sechs fast parallelen Streifen markiert ist. Offensichtlich stam-

2 Zugriemen am Geschirr für Zugtiere, um sie vor einen Pflug zu spannen, *hier* übertragene Bedeutung   3 *hier* schlussfolgern

men sie daher, dass jemand um die Kanten der Sohle herum gekratzt hat, um
verkrusteten Lehm zu entfernen. Daher also meine doppelte Deduktion, dass
Sie bei üblem Wetter unterwegs gewesen sind und dass Sie es mit einem besonders schlimmen schuhschänderischen Exemplar der Gattung Londoner
70 Kratzbürste zu tun haben. Was Ihr Praktizieren angeht – wenn ein Gentleman meine Räumlichkeiten betritt, nach Jodoform riecht, am rechten Zeige-
finger einen schwarzen Silbernitratfleck hat und eine Ausbuchtung an der
Seite seines Zylinders mir zeigt, wo er sein Stethoskop versteckt, dann müsste
ich wirklich stumpfsinnig sein, wenn ich ihn nicht zu einem aktiven Mitglied
75 der ärztlichen Zunft erklärte.«

Die Mühelosigkeit, mit der er seinen Deduktionsprozess erläuterte, brachte
mich zum Lachen. »Wenn ich höre, wie Sie Ihre Gründe anführen«, bemerkte
ich, »scheint mir die Sache immer so lächerlich einfach, dass ich es leicht
selbst machen könnte, und trotzdem bin ich bei jedem neuen Beweis Ihrer
80 Denkprozesse wieder verblüfft, bis Sie mir die Einzelschritte erklären. Und
bei alledem glaube ich immer noch, dass meine Augen genauso gut sind wie
Ihre.«

»Sicher sind sie es«, antwortete er; zündete sich eine Zigarette an und warf
sich in einen Lehnsessel. »Sie sehen, aber Sie beobachten nicht. Der Unter-
85 schied ist klar. Zum Beispiel haben Sie doch die Stufen, die von der Diele zu
diesem Raum heraufführen, häufig gesehen.«

»Oft.«

»Wie oft?«

»Also, einige hundert Mal.«

90 »Und wie viele sind es?«

»Wie viele! Das weiß ich nicht.«

»Sehen Sie! Sie haben nicht beobachtet. Und trotzdem haben Sie gesehen.
Darauf wollte ich hinaus. Nun, ich dagegen weiß, dass es siebzehn Stufen sind,
weil ich sie sowohl gesehen als auch beobachtet habe. [...]

2 Begründe, weshalb Beobachtungsgabe die wichtigste Eigenschaft eines
erfolgreichen Detektivs ist.

3 Wie gut seid ihr selbst im Beobachten? Versucht, mit verbundenen Augen
eine willkürlich ausgewählte Mitschülerin / einen Mitschüler genau
zu beschreiben (Größe, Haar- und Augenfarbe, Kleidung, Schmuck, besondere
Merkmale usw.).

Lesen als Spurensuche

Es gibt kein Verbrechen, das keine Spuren hinterlässt, auch wenn diese noch so winzig und unauffällig sind. Entscheidend ist es, sie zu entdecken, um mit ihrer Hilfe den Täter zu finden.

Hatte Sherlock Holmes in den Detektivromanen Arthur Conan Doyles vor allem seine Lupe als Hilfsmittel, so stehen den Kriminalisten heute eine hoch entwickelte Technik, riesige Sammlungen von Daten und Vergleichsmaterial sowie ein Heer von Spezialisten zur Verfügung. Die genialen Spürnasen als Einzelkämpfer haben nur noch in Detektiv- und Kriminalgeschichten ihre Chance.

Dennoch ist die Lust am Enträtseln eines geheimnisvollen Falls bis heute ungebrochen. Die folgenden Fragen helfen dir, beim Lesen erfolgreich auf Spurensuche zu gehen:

- Was ist geschehen?
  Diebstahl, Mord ...
- Wann und wo fand das Verbrechen statt?
  Tatzeit und Tatort bestimmen
- Warum wurde das Verbrechen begangen?
  Tatmotiv (Beweggrund) herausfinden
- Welche Spuren hat der Täter als Indiz (Hinweis) hinterlassen?
  Fingerabdrücke, Fußspuren, Haare, Blutflecken, Tatwaffe ...
- Wer sind die Verdächtigen?
  Alibi überprüfen, d. h. herausfinden, ob es stimmt, dass jemand zur Tatzeit des Verbrechens woanders war als am Tatort
- Welche Zeugen gibt es?
  Aussagen auf Gemeinsamkeiten und Widersprüche überprüfen (Täterbeschreibung, ungewöhnliche Umstände usw.)

 1 Geht noch einmal auf Spurensuche in der Geschichte »Lammkeule« (S. 70) und beantwortet die obigen Fragen.

1 Ermittle anhand der Fragen von S. 81 den Täter im folgenden Rätselkrimi.
Lege dazu eine Tabelle an, in die du deine Ermittlungsergebnisse einträgst.

Wolfgang Ecke

Der Dieb von Amsterdam

Kriminalkommissar van Damin vom Amsterdamer Einbruchsdezernat
nickte Inspektor De Ruijter aufmunternd zu: »Also, was war los in der Galerie?«

Der Inspektor zog einen Block aus der Tasche, klappte ihn auf und begann
5   zu berichten: »Die Spurensicherung ergab eindeutig, dass der Einbruch zwischen Mitternacht und 1:00 Uhr erfolgt sein muss. Außerdem konnten wir
eine Frau aufspüren, die in der bewussten Zeit einen Lichtschein in den Räumen der Galerie wandern sah. Sie wohnt direkt gegenüber!«

Kommissar van Damin runzelte die Stirn. »Warum hat sie dann nicht die
10 Polizei benachrichtigt? Das wäre schließlich das Nächstliegende gewesen.«

Van Damin stimmte zu: »Im Prinzip schon, Herr Kommissar, aber die Frau
wohnt erst knapp vier Wochen in dem Haus und dachte, es handle sich um einen nächtlichen Kontrollgang einer Amtsperson. So drückte sie sich jedenfalls aus. Ja, wir konnten inzwischen ermitteln, dass der Dieb über das Dach
15 kam und die Galerie durch ein Kellerfenster verließ. Die diversen Türen im
Haus sprengte er mit einem Wagenheber auf. Er nahm zwei Gemälde von Buffet und eine Sammlung wertvoller Goldmünzen mit. [...]

Van Damin warf wütend seinen Kugelschreiber auf den Schreibtisch und
seine Stimme dröhnte: »Ich wette mein Auto gegen einen verwitterten Gold-
20 zahn, dass hinter diesem Einbruch unser guter alter Freund Boris Lutrinck
steckt. Dachboden, Kellerfenster, aufgesprengte Türen, das alles deutet auf
ihn hin. Ist die Presse schon informiert?«

Inspektor De Ruijter schüttelte den Kopf: »Der Direktor der Galerie bat
mich, vorerst die Presse nicht einzuschalten. Mit anderen Worten: Außer uns
25 weiß noch niemand von der Sache!«

»Also gut, De Ruijter, schaffen Sie mir Boris Lutrinck herbei!«

Knapp drei Stunden später war es so weit. Inspektor De Ruijter schob den
heftig protestierenden Lutrinck in Kommissar van Damins Zimmer. Dazu
meldete er mit fröhlichem Zwinkern: »Hier, Chef, ich bringe lieben Besuch.
30 Er saß friedlich und unschuldig im Café Strooten und dachte an gar nichts
Böses.«

»Jawohl, Herr Kommissar, so war es! Friedlich und unschuldig. Was haben Sie mir vorzuwerfen? [...]«

Der Kommissar, freundlich grinsend, deutete mit ebenso freundlicher
35 Geste auf einen Stuhl. »Nehmen Sie Platz, Boris ...«

»Ich will aber nicht!«

»Im Stehen hört es sich so schlecht zu!«

»Ich will auch nicht zuhören. Ich will gehen!«

»Hinsetzen!!« Diese Einladung erfolgte gar nicht mehr freundlich.

40 »Na also, warum nicht gleich so!« Kommissar van Damin lächelte bereits wieder. »Vielleicht stellt sich heraus, dass Sie unschuldig sind [...]. Na, und was machen wir dann? Wir entschuldigen uns bei Ihnen und lassen Sie frei!«

»Das will ich hoffen!«, schniefte der Kahlköpfige mutig und schielte unter halb geöffneten Augen den Kommissar an. »Um was geht es denn? Vielleicht
45 kann ich Ihnen einen Tipp geben ...«

Der Kommissar wiegte wohlwollend den Kopf. [...] »Haben Sie das gehört, De Ruijter. Boris will wissen, worum es geht ... Er will sogar einen Tipp geben ...«

De Ruijter nickte und erwiderte im gleichen Ton: »Dann muss Boris Lut-
50 rinck ja mehr wissen, als wir ahnen. [...]«

Boris Lutrinck hob beide Arme und wehrte heftig ab: »Ich habe nicht gesagt, dass ich etwas weiß ... Sie drehen mir das Wort im Munde um ... Ich weiß gar nichts ... Überhaupt nichts. Als Ihr komischer Einbruch geschah, spielte ich mit meinen Freunden Skat, zunächst waren wir in einer Bar, und anschlie-
55 ßend machten wir bei mir ein Spielchen so von 23:00 Uhr bis kurz nach 1:00 Uhr. Ich kann es also nicht gewesen sein.«

Der Kommissar nickte: »Dabei war ich so sicher, dass ich mit Ihnen den Richtigen erwischt hätte.«

Lutrinck schüttelte den Kopf und meinte: »Irren ist menschlich.«

60 Darauf der Kommissar: »Genau aus diesem Grund werde ich Ihnen jetzt auch eine hübsche, warme Zelle anbieten.«

Lutrinck schoss von seinem Stuhl hoch. »Sie wollen – mich – verhaften?«, stammelte er.

Van Damin nickte fast ein wenig mitleidig. »Dass doch die Dummen nie
65 alle werden!«

2 Vergleicht eure Ermittlungsergebnisse miteinander. Woraus schlussfolgert der Inspektor, dass Boris Lutrinck der Täter sein muss?

1 Lies den folgenden Text und stelle fest, wie aufmerksam du als Detektiv schon bist. Wie viele sachliche Fehler enthält diese Geschichte?

Wolfgang Ecke

Der Test

Es gibt heute kaum noch Eignungsprüfungen, die keine Tests enthalten. Der Test ist die große Mode geworden. Eine Mode, die vor keiner Branche Halt macht. So müssen zum Beispiel die Zöglinge der Detektivschule Argus in Little Covenbridge ebenfalls einen Text-Test über sich ergehen lassen. Hier ist er:

In der Eingangshalle hingen zwei Ölgemälde, die große deutsche Künstler darstellen. Nämlich: den Komponisten Ludwig van Beethoven und den Maler Rembrandt. Während Ersterer durch seine Bilder und Gemälde unsterblich wurde, gelang dies dem anderen durch viele Sonaten und Symphonien.

5   Es herrschte reges Treiben in der Vorhalle, und Inspektor Mulligan schätzte die Anzahl der Gäste, die zum Geburtstag des Hausherrn, Sir Arthur Hull, gekommen waren, auf mindestens 100. Mulligan und drei weiteren Polizeibeamten war die Aufgabe zugefallen, aufzupassen, dass diesen Gästen, die sich durchweg aus hohen und höchsten Kreisen des Landes zusammensetzten,

10   nichts geschah. Einem anonymen Anruf zufolge sollte ein berüchtigter Taschendieb beabsichtigen, sich unter die Geladenen zu mischen.

Als Mulligan die Nachricht erhielt, dass alle Gäste versammelt seien, rief er seine Beamten zu sich und gab ihnen noch einmal genaueste Instruktionen: »Ich hoffe, dass Sie Ihre Augen offen halten. Speziell die Terrassentüren bilden

15   eine Gefahrenquelle. Bewegen Sie sich zwanglos und wickeln Sie Ihre Auf-

merksamkeit in ein diskretes Gewand. Ich nehme an, dass wir uns verstanden haben. Sie, Black, übernehmen die Nordseite. Sie, Henry, beobachten alles, was sich im Süden tut. Sie, Forrester, kümmern sich um den westlichen Trakt und Sie, Sergeant Pullman, passen auf, dass wir keine unliebsamen Überra-
20 schungen aus östlicher Richtung erleben. Gehen Sie jetzt bitte auf Ihre Plätze.«

Plötzlich spielte das Orchester einen Tusch, und ein Gentleman in stahlblauem Frack kletterte auf das Podium. Seine Rechte hielt ein Sektglas. Er erhob es und sprach: »Meine Damen, meine Herren. Ich hoffe, in Ihrem Sinne zu handeln, wenn ich jetzt mein Glas auf unseren charmanten Gastgeber erhebe,
25 um auf sein Wohl zu trinken. Sir Arthur, wir alle wünschen Ihnen in Ihrem neuen Amt alles Gute und gratulieren zur Ernennung zum Präsidenten unseres Landes.«

Laut prasselte der Beifall, und viele Schlucke wurden auf Hulls Wohl getrunken. Es gab noch eine ganze Anzahl von Reden, bevor man endgültig zum
30 unterhaltsamen Teil überging.

Inspektor Mulligan und seine Beamten dagegen ließen ihre Augen pausenlos wandern. Hinter welcher Maske verbarg sich der Taschendieb? Insgeheim hoffte der Inspektor, dass sich der anonyme Brief als dummer Scherz erweisen würde.

35 Gegen 22 Uhr trat dann ein Zauberkünstler auf. Er sammelte in einem Zylinder ein Dutzend[1] Herrentaschenuhren ein, die selbstverständlich alle aus Gold waren, und bestieg damit einen Stuhl. Das Licht erlosch, und fast gleichzeitig flammte ein Scheinwerfer auf, der den Stuhl in grelles Licht tauchte. Ein überraschtes Raunen zeigte die Verblüffung der Versammelten, während
40 es den Inspektor siedend heiß überkam.

1 zwölf Stück

Auf dem Stuhl stand ein junges Mädchen. Der Zauberkünstler war verschwunden. Das Mädchen machte einen leichten Knicks, hob die Hand und verschwand im Dunkeln.

Der Scheinwerfer war wieder erloschen. Atemlose Stille ringsum. Höchstens zehn Sekunden dauerte es, dann brannten die vier Kronleuchter wieder, und auf dem Stuhl stand – der Zauberkünstler.

Er lüpfte den Zylinder und sprach: »Bitte, meine Herren, prüfen Sie, ob sich Ihre Uhren wieder auf Ihrem angestammten Platz befinden.«

Fast ruckartig fuhren die Hände der betroffenen elf Herren zur Tasche. Und tatsächlich – alle Uhren waren vorhanden. Es gab donnernden Applaus.

Das Fest wurde ein voller gesellschaftlicher Erfolg. Und als Inspektor Mulligan gegen 4 Uhr früh mit seinen Beamten abzog, tat er es beruhigt. Es war nichts, aber auch gar nichts gestohlen worden.

2 Vergleicht, welche Fehler ihr gefunden habt. Schreibt die entsprechenden Textstellen heraus und benennt die Fehler. Vergleicht mit der Lösung auf S. 159.

3 Besorgt euch in der Bibliothek einen Band mit Kurzkrimis, z. B. von Wolfgang Ecke. Wählt eine Geschichte aus, in die ihr dann Fehler einbaut. Lest die veränderte Geschichte vor und lasst die anderen raten.

1 Lies die folgende Kurzgeschichte und gib ihren Inhalt in wenigen Sätzen wieder.

Anna Drawe

Im Warenhaus

B etty Warner war eine gute Seele, aber sie hatte Hunger, und die Brieftasche, die aus der Hosentasche des Mannes hervorlugte, der im großen
Warenhaus vor ihr herging, reizte ihre Begierde. Ihr war auch sehr kalt, ihre
Kleider waren nur dünn, einen Mantel besaß sie nicht mehr. Zudem war sie
5 eben an vielen Stellen gewesen, wo sie sich vergeblich um Arbeit bemüht
hatte.

Sie war nicht ins Warenhaus gekommen, um Einkäufe zu machen, sondern
nur, um sich zu wärmen, sie fror bis ins Innerste. Sie bemühte sich, nicht auf
die Brieftasche zu schauen, aber die blickte so verführerisch zwischen den
10 Rockschößen des Mannes hervor, und sie sah es dem Herrn an, dass er schon
einmal eine Brieftasche verlieren konnte. Denn das, was allein sein Anzug
kostete, hätte ihr monatelang zum Lebensunterhalt genügt.

Sie ging dichter hinter der Brieftasche und schaute die Leute ringsum an:
eine freundlich aussehende, kleine alte Frau in Schwarz, zwei junge Mädels,
15 die lebhaft miteinander plauderten. Wenn nicht ein Augenblick gekommen
wäre, in dem die kleine alte Frau nach einem Taschentuch herumsuchte und
die Mädels verschwunden wären, so hätte Betty die Brieftasche nicht genom-

men. In diesem Augenblick fiel jede Scheu und Hemmung von ihr ab. Sie
nahm die Brieftasche mit einer hastigen Bewegung und ließ sie in ihrer Hand-
20 tasche verschwinden.

Dieser fürchterliche Augenblick war nun vorüber, und sie war wieder das
nette, rosige junge Mädchen, das in ihrem ganzen Leben kaum etwas wirklich
Schlechtes begangen hatte. Sie blieb stehen und tat so, als ob sie sich seidene
Strümpfe anschaute. Am selben Ladentisch stand die kleine alte Frau. War sie
25 Betty absichtlich gefolgt?

»Sie sehen müde aus«, sprach die kleine alte Frau, »warum gehen Sie nicht
in den Damenwarteraum und ruhen sich aus?«

»Ich – ich kann nicht, ich ... muss gehen«, stammelte das Mädchen. In der
warmen Luft wurde ihr, die schon lange nichts mehr gegessen hatte, schwin-
30 delig, sie taumelte und ließ ihr Handtäschchen fallen. Die kleine alte Frau hob
es auf und reichte es ihr.

»Trotzdem sollten Sie erst ein wenig ausruhen.«

Aber Betty hörte es nicht. Sie hielt sich am Ladentisch, sie zitterte vor Angst.
Über den Köpfen der Menge hin, die durch die Gänge des Warenhauses wogte,
35 hatte sie das besorgte Gesicht des Besitzers der Brieftasche wahrgenommen
und neben ihm schimmerte eine Schutzmannsuniform. Die Leute im Warenhaus erschienen Betty alle wie sehr entfernte, kleine schwarze Punkte, so aufgeregt war sie.

»Gehn Sie nicht weg von mir«, bat Betty, »– gehen Sie nicht fort!« Die
40 kleine alte Frau gab keine Antwort. Sie sah den Schutzmann an. Denn er be-
rührte eben Betty an der Schulter.

»Dieser Herr«, sagte er grob, »– hat seine Brieftasche verloren.«

Das Mädchen stammelte ein paar Worte, die ihr selbst fremd klangen. Dem
Besitzer der Brieftasche schien sie leidzutun. Er begann: »Ich sage ja nicht,
45 dass Sie die Brieftasche genommen haben, aber Sie waren ganz dicht hinter
mir, als es geschah. Sie ging zuerst vor mir«, sagte er zum Schutzmann, »dann
blieb sie zurück und eine Sekunde später war die Tasche fort.«

Betty glaubte in den Erdboden zu versinken. Sie starrte besinnungslos vor
sich hin, während der Schutzmann die Handtasche öffnete. Sie starrte noch
50 immer, als er die Tasche auf den Ladentisch warf und zu dem Herrn sagte:
»Das junge Mädchen hat sie nicht!«

Sie sah die beiden Männer fortgehen, aber ihre vor Angst stumpfen Sinne
fassten es nicht.

»Ich habe natürlich die Brieftasche herausgenommen«, sagte die kleine
55 alte Frau, indem sie das Mädchen zum Ausgang führte.

»Der Schutzmann wird die Adresse des Herrn haben, und ich will dafür sorgen, dass er die Tasche zurückerhält. Sind Sie hungrig?«

60 »Ja, sehr.«

»Sie mussten Ihren Mantel verkaufen aus Not, nicht wahr? Sie scheinen stellenlos zu sein und ohne Geld?«

»Ja.«

65 »Hm – das hab ich mir doch gedacht.«

»Warum – warum haben Sie das für mich getan?«

»Weil ich solche Fälle kenne. Es

70 war das erste Mal, dass Sie so etwas machten?«

»Ja.«

»Versprechen Sie mir, es niemals wieder zu tun?«

75 »Ach ja, nie … nie wieder!«

»Sehen Sie«, sagte die alte Frau, »darum hab ich's getan. Und jetzt, Kind, wollen wir etwas essen gehen.«

»Wer … wer sind Sie?«, fragte das Mädchen.

Die kleine alte Frau lächelte: »Ich bin nur die Warenhausdetektivin«, sagte

80 sie.

2 Nenne Gründe, die Betty Warner zum Stehlen bewegt haben.

3 Bewerte das Verhalten der Kaufhausdetektivin. Schreibe deine Meinung zu dem Vorfall auf.

1 Lies die folgende Geschichte und notiere Antworten auf die *W*-Fragen.

Heinrich Böll

Die Waage der Baleks

Kamen die Kinder aus der Schule, mussten sie in die Wälder gehen und – je nach der Jahreszeit – Pilze sammeln und Kräuter: Waldmeister und Thymian, Kümmel und Pfefferminz, auch Fingerhut, und im Sommer, wenn sie das Heu von ihren mageren Wiesen geerntet hatten, sammelten sie die
5 Heublumen. Einen Pfennig gab es fürs Kilo Heublumen, die in der Stadt in den Apotheken für zwanzig Pfennig das Kilo an nervöse Damen verkauft wurden. Kostbar waren die Pilze: Sie brachten zwanzig Pfennig das Kilo und wurden in der Stadt für eine Mark zwanzig gehandelt. Weit in die grüne Dunkelheit der Wälder krochen die Kinder im Herbst, wenn die Feuchtigkeit die
10 Pilze aus dem Boden treibt, und fast jede Familie hatte ihre Plätze, an denen sie Pilze pflückten, Plätze, die von Geschlecht zu Geschlecht weitergeflüstert wurden.

Die Wälder gehörten den Baleks, auch die Flachsbrechen, und die Baleks hatten im Heimatdorf meines Großvaters ein Schloss, und die Frau des Fami-
15 lienvorstandes jeweils hatte neben der Milchküche ein kleines Stübchen, in dem Pilze, Kräuter, Heublumen gewogen und bezahlt wurden. Dort stand auf dem Tisch die große Waage der Baleks, ein altertümliches, verschnörkeltes, mit Goldbronze bemaltes Ding, vor dem die Großeltern meines Großvaters schon gestanden hatten, die Körbchen mit Pilzen, die Papiersäcke mit Heublu-
20 men in ihren schmutzigen Kinderhänden, gespannt zusehend, wie viel Gewichte Frau Balek auf die Waage werfen musste, bis der pendelnde Zeiger genau auf dem schwarzen Strich stand, dieser dünnen Linie der Gerechtigkeit, die jedes Jahr neu gezogen werden musste. Dann nahm Frau Balek das große Buch mit dem braunen Lederrücken, trug das Gewicht ein und zahlte das Geld
25 aus, Pfennige oder Groschen und sehr, sehr selten einmal eine Mark. [...]

Eines der Gesetze, die die Baleks dem Dorf gegeben hatten, hieß: Keiner darf eine Waage im Hause haben. Das Gesetz war schon so alt, dass keiner mehr darüber nachdachte, wann und warum es entstanden war, und es musste geachtet werden, denn wer es brach, wurde aus den Flachsbrechen entlassen, dem
30 wurden keine Pilze, kein Thymian, keine Heublumen mehr abgenommen, und die Macht der Baleks reichte so weit, dass auch in den Nachbardörfern niemand ihm Arbeit gab, niemand ihm die Kräuter des Waldes abkaufte. Aber

seitdem die Großeltern meines Großvaters als kleine Kinder Pilze gesammelt,
sie abgeliefert hatten, damit sie in den Küchen der reichen Prager Leute den
35 Braten würzten oder in Pasteten verbacken werden konnten, seitdem hatte
niemand daran gedacht, dieses Gesetz zu brechen: [...] und im Übrigen machte
die altertümliche, mit Goldbronze verzierte Waage der Baleks nicht den Eindruck, als könne sie nicht stimmen, und fünf Geschlechter hatten dem aus-
pendelnden schwarzen Zeiger anvertraut, was sie mit kindlichem Eifer im
40 Walde gesammelt hatten. [...]

Mein Großvater war der Erste, der kühn genug war, die Gerechtigkeit der
Baleks zu prüfen, die im Schloss wohnten, zwei Kutschen fuhren, die immer
einem Jungen des Dorfes das Studium der Theologie im Prager Seminar
bezahlten, bei denen der Pfarrer jeden Mittwoch zum Tarock[1] war, denen der
45 Bezirkshauptmann – das kaiserliche Wappen auf der Kutsche – zu Neujahr
seinen Besuch abstattete, und denen der Kaiser zu Neujahr des Jahres 1900
den Adel verlieh. Mein Großvater war fleißig und klug: Er kroch weiter in die
Wälder hinein, als vor ihm die Kinder seiner Sippe gekrochen waren, [...] er
drang weit in das Dickicht vor, schon als Knabe, brachte große Beute an Pilzen
50 mit, fand sogar Trüffeln, die Frau Balek mit dreißig Pfennig das Pfund berech-
nete. Mein Großvater trug alles, was er den Baleks brachte, auf die Rückseite
eines Kalenderblattes ein: jedes Pfund Pilze, jedes Gramm Thymian, und mit
seiner Kinderschrift schrieb er rechts daneben, was er dafür bekommen hatte;
jeden Pfennig kritzelte er hin, von seinem siebten bis zu seinem zwölften Jahr,
55 und als er zwölf war, kam das Jahr 1900, und die Baleks schenkten jeder Familie im Dorf, weil der Kaiser sie geadelt hatte, ein Viertelpfund echten Kaffee,
von dem, der aus Brasilien kommt; es gab auch Freibier und Tabak für die
Männer, und im Schloss fand ein großes Fest statt [...]. Aber am Tage vor dem

1 Kartenspiel

Fest schon wurde der Kaffee ausgegeben in der kleinen Stube, in der seit fast
60 hundert Jahren die Waage der Baleks stand, die jetzt Balek von Bilgan hießen,
weil der Sage nach Bilgan, der Riese, dort ein großes Schloss gehabt haben soll,
wo die Gebäude der Baleks stehen. Mein Großvater hat mir oft erzählt, wie er
nach der Schule dort hinging, um den Kaffee für vier Familien abzuholen: für
die Cechs, die Weidlers, die Vohlas und für seine eigene, die Brüchers. Es war
65 der Nachmittag vor Silvester: Die Stuben mussten geschmückt, es musste ge-
backen werden, und man wollte nicht vier Jungen entbehren, jeden einzeln
den Weg ins Schloss machen zu lassen, um ein Viertelpfund Kaffee zu holen.
Und so saß mein Großvater auf der kleinen, schmalen Holzbank im Stübchen,
ließ sich von Gertrud, der Magd, die fertigen Achtelkilopakete Kaffee vorzäh-
70 len, vier Stück, und blickte auf die Waage, auf deren linker Schale der Halbkilostein liegen geblieben war; Frau Balek von Bilgan war mit den Vorberei-
tungen fürs Fest beschäftigt. Und als Gertrud nun in das Glas mit den sauren
Bonbons greifen wollte, um meinem Großvater eines zu geben, stellte sie fest,
dass es leer war: Es wurde jährlich einmal neu gefüllt, fasste ein Kilo von
75 denen zu einer Mark. Gertrud lachte, sagte: »Warte, ich hole die neuen«, und
mein Großvater blieb mit den vier Achtelkilopaketen, die in der Fabrik ver-
packt und verklebt waren, vor der Waage stehen, auf der jemand den Halbkilostein liegen gelassen hatte, und mein Großvater nahm die vier Kaffee-
paketchen, legte sie auf die leere Waagschale, und sein Herz klopfte heftig, als
80 er sah, wie der schwarze Zeiger der Gerechtigkeit links neben dem Strich hängen blieb, die Schale mit dem Halbkilostein unten blieb und das halbe Kilo
Kaffee ziemlich hoch in der Luft schwebte; [...] und er suchte aus seiner Tasche
Kieselsteine, wie er sie immer bei sich trug, um mit der Schleuder nach den
Spatzen zu schießen, die an den Kohlpflanzen seiner Mutter herumpickten –
85 drei, vier, fünf Kieselsteine musste er neben die vier Kaffeepakete legen, bis
die Schale mit dem Halbkilostein sich hob und der Zeiger endlich scharf über
dem schwarzen Strich lag. Mein Großvater nahm den Kaffee von der Waage,
wickelte die fünf Kieselsteine in sein Sacktuch, und als Gertrud mit der
großen Kilotüte voll saurer Bonbons kam, [...] stand der kleine, blasse Bursche
90 da, und nichts schien sich verändert zu haben. Mein Großvater nahm nur drei
von den Paketen, und Gertrud blickte erstaunt und erschreckt auf den blassen
Jungen, der den sauren Bonbon auf die Erde warf, ihn zertrat und sagte: »Ich
will Frau Balek sprechen.«

»Balek von Bilgan, bitte«, sagte Gertrud. »Gut, Frau Balek von Bilgan«, aber
95 Gertrud lachte ihn aus, und er ging im Dunkeln ins Dorf zurück, brachte den
Cechs, den Weidlers, den Vohlas ihren Kaffee und gab vor, er müsse noch zum

Pfarrer. Aber er ging mit seinen fünf Kieselsteinen im Sacktuch in die dunkle Nacht. Er musste weit gehen, bis er jemanden fand, der eine Waage hatte, eine haben durfte; in den Dörfern Blaugau und Bernau hatte niemand eine, das
100 wusste er, und er schritt durch sie hindurch, bis er nach zweistündigem Marsch in das kleine Städtchen Dielheim kam, wo der Apotheker Honig wohnte. Aus Honigs Haus kam der Geruch frisch gebackener Pfannkuchen, und Honigs Atem, als er dem verfrorenen Jungen öffnete, roch schon nach Punsch, und er hatte die nasse Zigarre zwischen seinen schmalen Lippen,
105 hielt die kalten Hände des Jungen einen Augenblick fest und sagte: »Na, ist es schlimmer geworden mit der Lunge deines Vaters?« »Nein, ich komme nicht um Medizin, ich wollte ...« Mein Großvater nestelte sein Sacktuch auf, nahm die fünf Kieselsteine heraus, hielt sie Honig hin und sagte: »Ich wollte das ge- wogen haben [...] Es ist das, was an der Gerechtigkeit fehlt«, und mein Groß-
110 vater spürte jetzt, als er in die warme Stube kam, wie nass seine Füße waren. Der Schnee war durch die schlechten Schuhe gedrungen, und im Wald hatten die Zweige den Schnee über ihn geschüttelt, der jetzt schmolz, und er war müde und hungrig und fing plötzlich an zu weinen, weil ihm die vielen Pilze einfielen, die Kräuter, die Blumen, die auf der Waage gewogen worden waren,
115 an der das Gewicht von fünf Kieselsteinen an der Gerechtigkeit fehlte. Und als Honig, den Kopf schüttelnd, die fünf Kieselsteine in der Hand, seine Frau rief, fielen meinem Großvater die Geschlechter seiner Eltern, seiner Großeltern ein, die alle ihre Pilze, ihre Blumen auf der Waage hatten wiegen lassen müs- sen, und es kam über ihn wie eine große Woge von Ungerechtigkeit, und er
120 fing noch heftiger an zu weinen, setzte sich, ohne dazu aufgefordert zu sein, auf einen der Stühle in Honigs Stube, übersah den Pfannkuchen, die heiße Tasse Kaffee, die die gute und dicke Frau Honig ihm vorsetzte, und hörte erst auf zu weinen, als Honig selbst aus dem Laden vorne zurückkam und, die Kie- selsteine in der Hand schüttelnd, leise zu seiner Frau sagte: »Fünfeinhalb

125 Deka², genau.« Mein Großvater ging die zwei Stunden durch den Wald zurück, ließ sich prügeln zu Hause, schwieg, als er nach dem Kaffee gefragt wurde, sagte kein Wort, rechnete den ganzen Abend an seinem Zettel herum, auf
dem er alles notiert hatte, was er der jetzigen Frau Balek geliefert hatte, und als
es Mitternacht schlug, vom Schloss die Böller zu hören waren, im ganzen Dorf
130 das Geschrei, das Klappern der Rasseln erklang, als die Familie sich geküsst,
sich umarmt hatte, sagte er in das folgende Schweigen des neuen Jahres hinein: »Baleks schulden mir achtzehn Mark und zweiunddreißig Pfennig.« Und
wieder dachte er an die vielen Kinder, [...] die alle für die Baleks Pilze gesammelt hatten, Kräuter und Blumen, und er weinte diesmal nicht, sondern er-
135 zählte seinen Eltern, seinen Geschwistern von seiner Entdeckung. Als die Baleks von Bilgan am Neujahrstage zum Hochamt in die Kirche kamen, das neue
Wappen – einen Riesen, der unter einer Fichte kauert – schon in Blau und
Gold auf ihrem Wagen, blickten sie in die harten und blassen Gesichter der
Leute, die alle auf sie starrten. Sie hatten im Dorf Girlanden erwartet, am Mor-
140 gen ein Ständchen, Hochrufe und Heilrufe, aber das Dorf war wie ausgestor-
ben gewesen, als sie hindurchfuhren, und in der Kirche wandten sich die Gesichter der blassen Leute ihnen zu, stumm und feindlich, und als der Pfarrer
auf die Kanzel stieg, um die Festpredigt zu halten, spürte er die Kälte der sonst
so stillen und friedlichen Gesichter, und er stoppelte mühsam seine Predigt
145 herunter und ging schweißtriefend zum Altar zurück. Und als die Baleks von
Bilgan nach der Messe die Kirche wieder verließen, gingen sie durch ein Spalier stummer, blasser Gesichter. Die junge Frau Balek von Bilgan aber blieb
vorne bei den Kinderbänken stehen, suchte das Gesicht meines Großvaters,
des kleinen, blassen Franz Brücher, und fragte ihn in der Kirche: »Warum hast
150 du den Kaffee für deine Mutter nicht mitgenommen?« Und mein Großvater
stand auf und sagte: »Weil Sie mir noch so viel Geld schulden, wie fünf Kilo
Kaffee kosten.« Und er zog die fünf Kieselsteine aus seiner Tasche, hielt sie der
jungen Frau hin und sagte: »So viel, fünfeinhalb Deka, fehlen auf ein halbes
Kilo an Ihrer Gerechtigkeit«; und noch ehe die Frau etwas sagen konnte,
155 stimmten die Männer und Frauen in der Kirche das Lied an: »Gerechtigkeit
der Erden, o Herr, hat dich getötet ...«

Während die Baleks in der Kirche waren, war Wilhelm Vohla, der Wilderer,
in das kleine Stübchen eingedrungen, hatte die Waage gestohlen und das
große, dicke, in Leder eingebundene Buch, in dem jedes Kilo Pilze, jedes Kilo
160 Heublumen, alles eingetragen war, was von den Baleks im Dorf gekauft wor-

2 ein Deka: 10 Gramm

den war, und den ganzen Nachmittag des Neujahrstages saßen die Männer des Dorfes in der Stube meiner Urgroßeltern und rechneten, rechneten elf Zehntel von allem, was gekauft worden – aber als sie schon viele tausend Taler errechnet hatten und noch immer nicht zu Ende waren, kamen die Gendarmen
165 des Bezirkshauptmanns, drangen schießend und stechend in die Stube meines Urgroßvaters ein und holten mit Gewalt die Waage und das Buch heraus. Die Schwester meines Großvaters wurde getötet dabei, die kleine Ludmilla, ein paar Männer verletzt, und einer der Gendarmen wurde von Wilhelm Vohla, dem Wilderer, erstochen.

170   Es gab Aufruhr nicht nur in unserem Dorf, auch in Blaugau und Bernau, und fast eine Woche lang ruhte die Arbeit in den Flachsfabriken.

    Aber es kamen sehr viele Gendarmen, und die Männer und Frauen wurden mit Gefängnis bedroht, und die Baleks zwangen den Pfarrer, öffentlich in der Schule die Waage vorzuführen und zu beweisen, dass der Zeiger der Gerech-
175 tigkeit richtig auspendelte. Und die Männer und Frauen gingen wieder in die Flachsbrechen – aber niemand ging in die Schule, um den Pfarrer anzusehen: Er stand ganz allein da, hilflos und traurig mit seinen Gewichtssteinen, der Waage und den Kaffeetüten. Und die Kinder sammelten wieder Pilze, sammelten wieder Thymian, Blumen und Fingerhut, aber jeden Sonntag wurde in
180 der Kirche, sobald die Baleks sie betraten, das Lied angestimmt: »Gerechtigkeit der Erden, o Herr, hat dich getötet«, bis der Bezirkshauptmann in allen Dörfern austrommeln ließ, das Singen dieses Liedes sei verboten. Die Eltern meines Großvaters mussten das Dorf verlassen, das frische Grab ihrer kleinen Tochter, sie wurden Korbflechter, blieben an keinem Ort lange, weil es sie
185 schmerzte zuzusehen, wie in allen Orten das Pendel der Gerechtigkeit falsch ausschlug. Sie zogen hinter dem Wagen, der langsam über die Landstraße kroch, ihre magere Ziege mit, und wer an dem Wagen vorbeikam, konnte manchmal hören, wie drinnen gesungen wurde: »Gerechtigkeit der Erden, o Herr, hat dich getötet.« Und wer ihnen zuhören wollte, konnte die Geschichte
190 hören von den Baleks von Bilgan, an deren Gerechtigkeit ein Zehntel fehlte. Aber es hörte ihnen fast niemand zu.

2 Schreibe anhand deiner Notizen eine Inhaltsangabe.

3 Der Erzähler berichtet von Ereignissen aus dem Leben seines Großvaters, als dieser noch ein Kind war. Erklärt, wodurch das Vertrauen des Jungen in die Gerechtigkeit erschüttert wurde.

Fachübergreifendes

Wann spricht der Gesetzgeber von Betrug?

1 Lies den folgenden Auszug aus dem Strafgesetzbuch der Bundesrepublik Deutschland. Gib die Definition von Betrug mit eigenen Worten wieder.

§ 263 Betrug

(1) Wer in der Absicht, sich oder einem Dritten einen rechtswidrigen Vermögensvorteil zu verschaffen, das Vermögen eines anderen dadurch beschädigt, dass er durch Vorspiegelung falscher oder durch Entstellung oder Unterdrückung wahrer Tatsachen einen Irrtum erregt oder unterhält, wird mit Freiheitsstrafe bis zu fünf Jahren oder mit Geldstrafe bestraft.

(2) Der Versuch ist strafbar.

(3) In besonders schweren Fällen ist die Strafe Freiheitsstrafe von sechs Monaten bis zu zehn Jahren. Ein besonders schwerer Fall liegt in der Regel vor, wenn der Täter:

1. gewerbsmäßig oder als Mitglied einer Bande handelt, die sich zur fortgesetzten Begehung von Urkundenfälschung oder Betrug verbunden hat,

2. einen Vermögensverlust großen Ausmaßes herbeiführt oder in der Absicht handelt, durch die fortgesetzte Begehung von Betrug eine große Zahl von Menschen in die Gefahr des Verlustes von Vermögenswerten zu bringen,

3. eine andere Person in wirtschaftliche Not bringt,

4. seine Befugnisse oder seine Stellung als Amtsträger missbraucht oder

5. einen Versicherungsfall vortäuscht, nachdem er oder ein anderer zu diesem Zweck eine Sache von bedeutendem Wert in Brand gesetzt oder durch eine Brandlegung ganz oder teilweise zerstört oder ein Schiff zum Sinken oder Stranden gebracht hat.

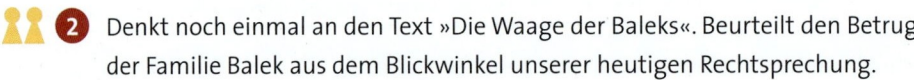 **2** Denkt noch einmal an den Text »Die Waage der Baleks«. Beurteilt den Betrug der Familie Balek aus dem Blickwinkel unserer heutigen Rechtsprechung.

Kapitel 5

»Der zerbrochne Krug« – Auf der Suche nach der Wahrheit

Aufführung am Berliner Ensemble (2008)

1. Welche Texte kennst du, in denen es um Lügner und die Suche nach der Wahrheit geht? Stelle sie in der Klasse vor.

2. Stellt Vermutungen darüber an, aus welchen Gründen Menschen lügen. Nutzt dazu eigene Erfahrungen zu diesem Thema.

3. In diesem Kapitel lernt ihr das Drama »Der zerbrochne Krug« kennen. Informiert euch über das Leben des Autors Heinrich von Kleist.

Fachübergreifendes
Kleines Theaterlexikon

Wusstest du schon, dass …

… man den gesprochenen Text eines Dramas als **Haupttext** bezeichnet?
Er enthält alle handlungswichtigen Informationen, z. B. Hinweise auf Ort und
Zeit des Geschehens, auf Charakter und Handlungsmotive der Figuren und
darauf, in welcher Beziehung diese zueinander stehen (Figurenkonstellation).

5 … man den Teil des Textes, der auf der Bühne nicht gesprochen wird, als
Nebentext bezeichnet?
Er dient den Schauspielern und dem Regisseur als Hilfe zur Umsetzung des
Dramas. Zu ihm gehören z. B. Titel und Untertitel des Stückes, das Personen-
verzeichnis, Hinweise zur Gliederung (Akt, Szene), Regieanweisungen, Vor-
10 wort und/oder Nachwort usw.

… man eine Szene, in der nur eine einzige Figur spricht, als **Monolog** bezeichnet?
Er ist Teil des Haupttextes und dient der inneren Auseinandersetzung der Figur mit der Situation, dem Konflikt, in der/dem sie sich befindet. Die Figur
15 trifft im Ergebnis ihres inneren Zwiegesprächs oft eine Entscheidung, welche
die weitere Dramenhandlung vorantreibt.

… man im Theater unter **Dialog** generell das Gespräch zwischen den Figuren
versteht?
In ihm tauschen sie ihre persönlichen Ansichten, Ideen bzw. Meinungen aus.
20 Der Dialog ermöglicht uns ein tieferes Verständnis der Dramenhandlung.
Durch ihn lernen wir die jeweilige Situation, die gesellschaftliche Stellung
der Gesprächspartner oder auch familiäre Bindungen genauer kennen. Worin
besteht das Ziel des Gesprächs und welchen Verlauf nimmt es? Sind die Gesprächspartner einander ebenbürtig oder ist einer dem anderen unterlegen?
25 Auch der Dialog gehört zum Haupttext.

1 Lies den Auszug aus der ersten Szene. Beschreibe, in welchem Zustand
der Schreiber Licht den Dorfrichter Adam am Morgen antrifft.

Heinrich von Kleist

Der zerbrochne Krug

Personen: Gerichtsrat Walter, Dorfrichter Adam,
Schreiber Licht, Marthe Rull, ihre Tochter Eve, Veit
Tümpel (ein Bauer), sein Sohn Ruprecht, Frau Brigitte
(Nachbarin der Marthe Rull), Büttel, Mägde usw.
    Die Handlung spielt in einem niederländischen Dorfe
bei Utrecht.

Heinrich von Kleist (1777–1811)

Erster Auftritt

Adam sitzt und verbindet sich ein Bein. Licht tritt auf.
Licht: Ei, was zum Henker, sagt, Gevatter Adam!
    Was ist mit Euch geschehn? Wie seht Ihr aus?
Adam: Ja, seht. Zum Straucheln brauchts doch nichts, als Füße.
5   Auf diesem glatten Boden, ist ein Strauch hier?
    Gestrauchelt bin ich hier; denn jeder trägt
    Den leidgen Stein zum Anstoß in sich selbst.
Licht: Nein, sagt mir, Freund! Den Stein trüg jeglicher –?
Adam: Ja, in sich selbst!
10 Licht: Verflucht das! [...]
Adam: Hier bin ich hingefallen, sag ich Euch [...]
Licht: Wann trug sich die Begebenheit denn zu?
Adam: Jetzt, in dem Augenblick, da ich dem Bett
    Entsteig. Ich hatte noch das Morgenlied
15   Im Mund, da stolpr' ich in den Morgen schon,
    Und eh ich noch den Lauf des Tags beginne,
    Renkt unser Herrgott mir den Fuß schon aus.
Licht: Und wohl den linken obenein? [...]
Adam: Freilich! [...]
20 Licht: Der Klumpfuß?
Adam: Klumpfuß!
    Ein Fuß ist, wie der andere, ein Klumpen.

Licht: Erlaubt! Da tut Ihr Eurem rechten Unrecht.
  Der rechte kann sich dieser – Wucht nicht rühmen,
25 Und wagt sich eh'r aufs Schlüpfrige.
Adam: Ach, was!
  Wo sich der eine hinwagt, folgt der andre.
Licht: Und was hat das Gesicht Euch so verrenkt?
Adam: Mir das Gesicht?
30 Licht: Wie? Davon wisst Ihr nichts?
Adam: Ich müsst ein Lügner sein – wie siehts denn aus?
Licht: Wies aussieht?
Adam: Ja, Gevatterchen.
Licht: Abscheulich!
35 Adam: Erklärt Euch deutlicher.
Licht: Geschunden ists,
  Ein Greul zu sehn. Ein Stück fehlt von der Wange,
  Wie groß? Nicht ohne Waage kann ichs schätzen.
Adam: Den Teufel auch!
40 Licht *(bringt einen Spiegel)*: Hier! Überzeugt Euch selbst!
  Ein Schaf, das, eingehetzt von Hunden, sich
  Durch Dornen drängt, lässt nicht mehr Wolle sitzen,
  Als Ihr, Gott weiß wo? Fleisch habt sitzen lassen.
Adam: Hm! Ja! 's ist wahr. Unlieblich sieht es aus.
45 Die Nas hat auch gelitten.
Licht: Und das Auge.
Adam: Das Auge nicht, Gevatter.
Licht: Ei, hier liegt
  Querfeld ein Schlag, blutrünstig, straf mich Gott,
50 Als hätt ein Großknecht wütend ihn geführt.
Adam: Das ist der Augenknochen. – Ja, nun seht,
  Das alles hatt ich nicht einmal gespürt.
Licht: Ja, ja! So gehts im Feuer des Gefechts.
Adam: Gefecht! Was? – Mit dem verfluchten Ziegenbock[1],
55 Am Ofen focht ich, wenn Ihr wollt. Jetzt weiß ichs.
  Da ich das Gleichgewicht verlier, und gleichsam
  Ertrunken in den Lüften um mich greife,
  Fass ich die Hosen, die ich gestern Abend

---

1 Verzierung am Ofen

Durchnässt an das Gestell des Ofens hing.
60 Nun fass ich sie, versteht Ihr, denke mich,
Ich Tor, daran zu halten, und nun reißt
Der Bund; Bund jetzt und Hos und ich, wir stürzen,
Und häuptlings mit dem Stirnblatt schmettr' ich auf
Den Ofen hin, just wo ein Ziegenbock
65 Die Nase an der Ecke vorgestreckt.
Licht *(lacht)*: Gut, gut.
Adam: Verdammt!
Licht: Der erste Adamsfall,
Den Ihr aus einem Bett hinaus getan […]

2 Erläutere, wie Adam versucht, die peinliche Situation zu erklären.

3 Wodurch gewinnt man den Eindruck, dass die Geschichte des Richters
nicht der Wahrheit entspricht? Sucht Hinweise im Text.

4 Recherchiere die Bedeutung der Redewendungen »Stein zum Anstoß« und
»Adamsfall« und setze sie mit den entsprechenden Textstellen (Z.7 und Z.68)
in einen Zusammenhang.

Im Gericht. Dorfrichter Adam ist nervös, denn nicht nur seine Amtsperücke ist spurlos verschwunden, auch ist Gerichtsrat Walter zu einem Kontrollbesuch eingetroffen. Die streitenden Parteien – Marthe Rull, ihre Tochter Eve, Veit Tümpel und sein Sohn Ruprecht – warten schon vor der Tür.

Siebenter Auftritt

Adam im Ornat, doch ohne Perücke, tritt auf.
Adam *(für sich)*: Ei, Evchen. Sieh! Und der vierschrötge Schlingel,
    Der Ruprecht! Ei, was Teufel, sieh! die ganze Sippschaft!
    – Die werden mich doch nicht bei mir verklagen?
5 **Eve:** O liebste Mutter, folgt mir, ich beschwör Euch,
    Lasst diesem Unglückszimmer uns entfliehen!
Adam: Gevatter! Sagt mir doch, was bringen die?
Licht: Was weiß ich? Lärm um nichts; Lappalien.
    Es ist ein Krug zerbrochen worden, hör ich.
10 **Adam:** Ein Krug! So! Ei! – Ei, wer zerbrach den Krug?
Licht: Wer ihn zerbrochen?
Adam: Ja, Gevatterchen.
Licht: Mein Seel, setzt Euch: so werdet Ihrs erfahren.
Adam *(heimlich)*: Evchen!
15 **Eve** *(gleichfalls)*:   Geh Er.
Adam: Ein Wort.
Eve: Ich will nichts wissen.
Adam: Was bringt ihr mir?
Eve: Ich sag Ihm, Er soll gehn.
20 **Adam:** Evchen! Ich bitte dich! Was soll mir das bedeuten?
Eve: Wenn Er nicht gleich –! Ich sags Ihm, lass Er mich. [...]
Adam: Evchen! Ich flehe dich! Um alle Wunden!
    Was ists, das ihr mir bringt?
Eve: Er wirds schon hören.
25 **Adam:** Ists nur der Krug dort, den die Mutter hält,
    Den ich, soviel –?
Eve: Ja, der zerbrochne Krug nur.
Adam: Und weiter nichts?
Eve: Nichts weiter.
30 **Adam:**   Nichts? Gewiss nicht?
Eve: Ich sag Ihm, geh Er. Lass Er mich zufrieden.

Adam: Hör du, bei Gott, sei klug, ich rat es dir.

Eve: Er, Unverschämter!

Adam: In dem Attest[1] steht

35   Der Name jetzt, Frakturschrift, Ruprecht Tümpel.
     Hier trag ichs fix und fertig in der Tasche;
     Hörst du es knackern, Evchen? Sieh, das kannst du,
     Auf meine Ehr, heut übers Jahr dir holen,
     Dir Trauerschürz und Mieder zuzuschneiden,
40   Wenns heißt: der Ruprecht in Batavia[2]
     Krepiert'– ich weiß, an welchem Fieber nicht,
     Wars gelb, wars scharlach, oder war es faul.

Walter: Sprecht nicht mit den Partein, Herr Richter Adam,
     Vor der Session! Hier setzt Euch, und befragt sie.

45 **Adam:** Was sagt er? – Was befehlen Euer Gnaden?

Walter: Was ich befehl? – Ich sagte deutlich Euch,
     Dass Ihr nicht heimlich vor der Sitzung sollt
     Mit den Partein zweideutge Sprache führen.
     Hier ist der Platz, der Eurem Amt gebührt,
50   Und öffentlich Verhör, was ich erwarte.

Adam *(für sich)*: Verflucht! Ich kann mich nicht dazu entschließen –!
     – Es klirrte etwas, da ich Abschied nahm – [...]

1 Krankheitszeugnis, *hier* zur Freistellung vom Armeedienst

2 früherer Name von Jakarta, der heutigen Hauptstadt von Indonesien

❶ Untersuche mithilfe der entsprechenden Informationen im *Kleinen Theater-lexikon* (S. 98) den Dialog zwischen dem Richter und Eve.

❷ Stellt Vermutungen über mögliche Gründe für Adams Verhalten an. Achtet dabei auch auf die unterschiedlichen Anredeformen.

❸ Notiert eure Ergebnisse stichpunktartig. Tauscht euch anschließend in der Klasse darüber aus.

4 Lies weiter und stelle fest, worum es Marthe Rull bei ihrer Klage geht.

Frau Marthe: [...] Den Krug, ihr hohen Herren Richter beide,
Den Krug hat jener Schlingel mir zerbrochen.
55 **Adam:** Wer?
Frau Marthe:
Er, der Ruprecht dort.
Ruprecht: Das ist gelogen,
Herr Richter.
60 **Adam:** Schweig Er, bis man Ihn fragen wird.
Auch heut an Ihn noch wird die Reihe kommen.
– Habt Ihrs im Protokoll bemerkt?
Licht: O ja.
Adam: Erzählt den Hergang, würdige Frau Marthe.
65 **Frau Marthe:** Es war Uhr eilfe gestern –
Adam: Wann, sagt Ihr?
Frau Marthe: Uhr eilf.
Adam: Am Morgen!
Frau Marthe: Nein, verzeiht, am Abend –
70 Und schon die Lamp im Bette wollt ich löschen,
Als laute Männerstimmen, ein Tumult,
In meiner Tochter abgelegnen Kammer,
Als ob der Feind einbräche, mich erschreckt.
Geschwind die Trepp eil ich hinab, ich finde
75 Die Kammertür gewaltsam eingesprengt,
Schimpfreden schallen wütend mir entgegen,
Und da ich mir den Auftritt jetzt beleuchte,
Was find ich jetzt, Herr Richter, was jetzt find ich?
Den Krug find ich zerscherbt im Zimmer liegen,
80 In jedem Winkel brüchig liegt ein Stück,
Das Mädchen ringt die Händ, und er, der Flaps dort,
Der trotzt, wie toll, Euch in des Zimmers Mitte.
Adam (*bankerott*): Ei, Wetter!
Frau Marthe: Was?
85 **Adam:** Sieh da, Frau Marthe!
Frau Marthe: Ja! –
[...] Ihn stell ich dort zur Rede, was er hier
In später Nacht zu suchen, mir die Krüge

Des Hauses tobend einzuschlagen habe:
90 Und er, zur Antwort gibt er mir, jetzt ratet?
Der Unverschämte! Der Halunke, der!
Aufs Rad will ich ihn sehen, oder mich
Nicht mehr geduldig auf den Rücken legen:
Er spricht, es hab ein anderer den Krug
95 Vom Sims gestürzt – ein anderer, ich bitt Euch,
Der vor ihm aus der Kammer nur entwichen;
– Und überhäuft mit Schimpf mir da das Mädchen.

Adam: O! faule Fische – Hierauf?

Frau Marthe: Auf dies Wort
100 Seh ich das Mädchen fragend an; die steht
Gleich einer Leiche da, ich sage: Eve! –
Sie setzt sich; Ists ein anderer gewesen,
Frag ich? Und Joseph und Maria, ruft sie,
Was denkt Ihr, Mutter, auch? – So sprich! Wer wars?
105 Wer sonst, sagt sie, – und wer auch konnt es anders?
Und schwört mir zu, dass ers gewesen ist [...]

5 Geht es wirklich nur um den zerbrochenen Krug? Erkläre, aus welchem Grund ein Urteil des Richters von großer Bedeutung für Marthe ist.

6 Stellt euch vor, ihr wärt der Regisseur des Stückes. Formuliert zu diesem Szenenausschnitt genaue Regieanweisungen, z.B. zu Tonfall und Haltung der Sprechenden. Lest die Szene anschließend mit verteilten Rollen.

Eine Dramenfigur analysieren

Die Analyse von Dramenfiguren ist eine wesentliche Voraussetzung für das Verständnis der jeweiligen Szene bzw. des gesamten Dramas. Folgende Hinweise helfen dir dabei, eine solche Aufgabe zu lösen:

Du sammelst Informationen:
– zur äußeren Erscheinung der Figur,
– zur gesellschaftlichen Stellung, Klassenzugehörigkeit, sozialen Lage,
– zum Temperament (z. B. aufbrausend, hitzköpfig, sorglos gelassen, ruhig, beherrscht, ängstlich),
– zu ihrem Verhalten im Dramengeschehen (z. B. offen, abwartend, hinterhältig).

Du kannst dazu Hinweise finden:
– in den Regieanweisungen,
– in der Art und Weise, wie die Figur spricht (z. B. gepflegt oder vulgär, herablassend überheblich oder höflich, freundlich usw.),
– im Gesprächsverlauf selbst.

1 Sammelt Informationen zur Figur des Richters, indem ihr die bereits gelesenen Szenenauszüge noch einmal untersucht.

2 Vergleicht eure Arbeitsergebnisse miteinander. Erstellt gemeinsam eine stichpunktartige Figurencharakteristik nach den oben genannten Kriterien.

Eve bestreitet, einen Schwur geleistet zu haben, der Ruprecht beschuldigt. Sie ist aber zu keiner Aussage bereit, die Ruprecht entlasten bzw. die Angelegenheit aufklären könnte. Nun mischt sich auch Gerichtsrat Walter ein.

Adam: Beklagter trete vor.

Ruprecht: Hier, Herr Dorfrichter. [...]

Adam: Vernahm Er dort, was vor Gericht soeben
Frau Marthe gegen Ihn hat angebracht?

5 **Ruprecht:** Ja, Herr Dorfrichter, das hab ich.

Adam: Getraut Er sich
Etwas dagegen aufzubringen, was?
Bekennt Er, oder unterfängt Er sich,
Hier wie ein gottvergessner Mensch zu leugnen?

10 **Ruprecht** Was ich dagegen aufzubringen habe,
Herr Richter? Ei! Mit Euerer Erlaubnis,
Dass sie kein wahres Wort gesprochen hat.

Adam: So? Und das denkt Er zu beweisen?

Ruprecht: O ja.

15 **Adam:** Die würdige Frau Marthe, die.
Beruhige Sie sich. Es wird sich finden.

Walter: Was geht Ihm die Frau Marthe an, Herr Richter? [...]
Bericht'
Er, was Er für sich anzuführen hat. –

20 Herr Schreiber, wisst Ihr den Prozess zu führen?

Adam: Ach, was!

Licht: Ob ich – ei nun, wenn Euer Gnaden –

Adam: Was glotzt Er da? Was hat Er aufzubringen?
Steht nicht der Esel, wie ein Ochse, da?

25 Was hat Er aufzubringen?

Ruprecht: Was ich aufzubringen?

Walter: Er, ja, Er soll den Hergang jetzt erzählen.

Ruprecht: Mein Seel, wenn man zu Wort mich kommen ließe.

Walter: 's ist in der Tat, Herr Richter, nicht zu dulden.

30 **Ruprecht:** Glock zehn Uhr mocht es etwa sein zu Nacht, –
Und warm just diese Nacht des Januars
Wie Mai, – als ich zum Vater sage: Vater!
Ich will ein bissel noch zur Eve gehn [...]

Und geh; und übern Steig will ich, und muss
35 Durchs Dorf zurückgehn, weil der Bach geschwollen.
Ei, alle Wetter, denk ich, Ruprecht, Schlag!
Nun ist die Gartentür bei Marthens zu:
Denn bis um zehn lässt's Mädel sie nur offen,
Wenn ich um zehn nicht da bin, komm ich nicht.
40 **Adam:** Die liederliche Wirtschaft, die.
Walter: Drauf weiter?
Ruprecht: Drauf – wie ich übern Lindengang mich näh're,
Bei Marthens, wo die Reihen dicht gewölbt [...]
Hör ich die Gartentüre fernher knarren.
45 Sieh da! Da ist die Eve noch! sag ich, [...]
Und einer ists noch obenein.
Adam: So? Einer noch? Und wer, Er Klugschwätzer?
Ruprecht: Wer? Ja, mein Seel, da fragt Ihr mich –
Adam: Nun also!
50 Und nicht gefangen, denk ich, nicht gehangen.
Walter: Fort! Weiter in der Rede! Lasst ihn doch!
Was unterbrecht Ihr ihn, Herr Dorfrichter?
Ruprecht: Ich kann das Abendmahl darauf nicht nehmen[1],
Stockfinster wars, und alle Katzen grau.
55 Doch müsst Ihr wissen, dass der Flickschuster,
Der Lebrecht, den man kürzlich losgesprochen,
Dem Mädel längst mir auf die Fährte ging.
Ich sagte vorgen Herbst schon: Eve, höre,
Der Schuft schleicht mir ums Haus, das mag ich nicht;
60 Sag ihm, dass du kein Braten bist für ihn,
Mein Seel, sonst werf ich ihn vom Hof herunter.
Adam: So? Lebrecht heißt der Kerl?
Ruprecht: Ja, Lebrecht.
Adam: Gut.
65 Das ist ein Nam. Es wird sich alles finden.
– Habt Ihrs bemerkt im Protokoll, Herr Schreiber?
Licht: O ja, und alles andere, Herr Richter.
Adam: Sprich weiter, Ruprecht, jetzt, mein Sohn.

---

1 nicht schwören können

Ruprecht: [...] Und drücke sacht mich durch die Gartenpforte,
70 Und berg in einem Strauch von Taxus[2] mich:
Und hör Euch ein Gefispre hier, ein Scherzen,
Ein Zerren hin, Herr Richter, Zerren her, [...]
Frau Marthe: Halunke!
Dir weis ich noch einmal, wenn wir allein sind,
75 Die Zähne! Wart! Du weißt noch nicht, wo mir
Die Haare wachsen! Du sollsts erfahren!
Ruprecht: Ein Viertelstündchen dauerts so; ich denke:
Was wirds doch werden, ist doch heut nicht Hochzeit?
Und eh ich den Gedanken ausgedacht,
80 Husch! sind sie beid ins Haus schon, vor dem Pastor.
Eve: Geht, Mutter, mag es werden, wie es will –
Adam: Schweig du mir dort, rat ich, das Donnerwetter
Schlägt über dich ein, unberufne Schwätzerin!
Wart, bis ich auf zur Red dich rufen werde.
85 **Walter:** Sehr sonderbar, bei Gott!

2 ein Eibengewächs

1 Beschreibe, wie Ruprecht das Geschehen darstellt. Welchen Verdacht
hegt er gegen das Mädchen?

2 Beurteile das Auftreten des Richters während der Verhandlung.

3 Untersucht, welche Auswirkung die Einwürfe des Gerichtsrats Walter auf
den Verlauf der Verhandlung haben.

4 Nennt den Grund dafür, dass Ruprecht den Flickschuster Lebrecht als Täter
verdächtigt. Ist dieser Verdacht beweiskräftig? Begründet eure Meinung.

Ruprecht: Jetzt hebt, Herr Richter Adam,
Jetzt hebt sichs, wie ein Blutsturz, mir. Luft! [...]
Und geh, und drück, und tret und donnere,
Da ich der Dirne[3] Tür, verriegelt finde,
90 Gestemmt, mit Macht, auf einen Tritt, sie ein.

3 junges Mädchen

Adam: Blitzjunge, du!

Ruprecht: Just da sie auf jetzt rasselt,
Stürzt dort der Krug vom Sims ins Zimmer hin,
Und husch! springt einer aus dem Fenster Euch:

95   Ich seh die Schöße noch vom Rocke wehn.

Adam: War das der Leberecht?

Ruprecht: Wer sonst, Herr Richter?
Das Mädchen steht, die werf ich übern Haufen,
Zum Fenster eil ich hin, und find den Kerl

100 Noch in den Pfählen hangen, am Spalier,
Wo sich das Weinlaub aufrankt bis zum Dach.
Und da die Klinke in der Hand mir blieb,
Als ich die Tür eindonnerte, so reiß ich
Jetzt mit dem Stahl eins pfundschwer übern Detz[4] ihm: [...]

105 Jetzt stürzt der Kerl, und ich schon will mich wenden,
Als ichs im Dunkeln auf sich rappeln sehe.
Ich denke: lebst du noch? und steig aufs Fenster
Und will dem Kerl das Gehen unten legen:
Als jetzt, ihr Herrn, da ich zum Sprung just aushol,

110 Mir eine Handvoll grobgekörnten Sandes – [...]
Wie Hagel, stiebend, in die Augen fliegt.

Adam: Verflucht! Sieh da! Wer tat das?

Ruprecht: Wer? Der Lebrecht.

Adam: Halunke!

115 **Ruprecht:**   Meiner Treu! Wenn ers gewesen.

Adam: Wer sonst! [...]

Ruprecht: So schlag ich jetzt vom Fenster Euch ins Zimmer:
Ich denk, ich schmettere den Boden ein.
Nun brech ich mir den Hals doch nicht, auch nicht

120 Das Kreuz mir, Hüften, oder sonst, inzwischen
Konnt ich des Kerls doch nicht mehr habhaft werden,
Und sitze auf, und wische mir die Augen.
Die kommt, und: ach, Herr Gott!, ruft sie, und: Ruprecht!
Was ist dir auch? Mein Seel, ich hob den Fuß,

125 Gut wars, dass ich nicht sah, wohin ich stieß.

Adam: Kam das vom Sande noch?

4 Kopf

| Ruprecht: | Vom Sandwurf, ja. |

Adam: Verdammt! Der traf!

| Ruprecht: | Da ich jetzt aufersteh, |

130 Was sollt ich auch die Fäuste hier mir schänden?
So schimpf ich sie, und sage: liederliche Metze,
Und denke, das ist gut genug für sie.
Doch Tränen, seht, ersticken mir die Sprache.
Denn da Frau Marthe jetzt ins Zimmer tritt,
135 Die Lampe hebt, und ich das Mädchen dort
Jetzt schlotternd, zum Erbarmen, vor mir sehe,
Sie, die so herzhaft sonst wohl um sich sah,
So sag ich zu mir, blind ist auch nicht übel [...]

Eve: Er ist nicht wert, der Bösewicht –

140 **Adam:** Sie soll schweigen!

Ruprecht: Das Weitere wisst ihr [...]

5 Sammle die tatsächlichen Fakten und schreibe einen kurzen, sachlichen Bericht zum Hergang des Geschehens.

 **6** Belegt anhand von Textbeispielen, inwieweit sich das Auftreten des Richters gegenüber Ruprecht im Verlauf von dessen Aussage ändert. Stellt Vermutungen über die Gründe dafür an.

Es stellt sich durch genauere Befragung der Anwesenden heraus, dass Lebrecht nicht der Schuldige sein kann, da er zur fraglichen Zeit nicht im Dorf war. Eve gibt schließlich zu, dass auch Ruprecht unschuldig ist, weigert sich jedoch noch immer, den wahren Täter zu nennen. Schließlich wird Frau Brigitte als Zeugin hinzugezogen.

Eilfter Auftritt

Walter *(erblickt die Perücke)*: Was bringt uns Frau Brigitte dort für eine
    Perücke?
Licht: Gnädger Herr?
Walter: Was jene Frau uns dort für eine
5   Perücke bringt?
Licht: Hm!
Walter: Was?
Licht: Verzeiht –
Walter: Werd ichs erfahren?
10 **Licht:**   Wenn Euer Gnaden gütigst
    Die Frau, durch den Herrn Richter, fragen wollen,
    So wird, wem die Perücke angehört,
    Sich, und das Weitre, zweifl' ich nicht, ergeben.
Walter: – Ich will nicht wissen, wem sie angehört.
15   Wie kam die Frau dazu? Wo fand sie sie?
Licht: Die Frau fand die Perücke im Spalier
    Bei Frau Margrete Rull. Sie hing gespießt,
    Gleich einem Nest, im Kreuzgeflecht des Weinstocks,
    Dicht unterm Fenster, wo die Jungfer schläft.
20 **Frau Marthe:** Was? Bei mir? Im Spalier?
Walter *(heimlich)*:   Herr Richter Adam,
    Habt Ihr mir etwas zu vertraun,
    So bitt ich, um die Ehre des Gerichtes,
    Ihr seid so gut, und sagt mirs an.
25 **Adam:** Ich Euch –?
Walter: Nicht? Habt Ihr nicht –?
Adam: Auf meine Ehre –
        (Er ergreift die Perücke.)
Walter: Hier die Perücke ist die Eure nicht?

30 **Adam:** Hier die Perück ihr Herren, ist die meine!
Das ist, Blitz-Element, die nämliche,
Die ich dem Burschen vor acht Tagen gab,
Nach Utrecht sie zum Meister Mehl zu bringen.
Walter: Wem? Was?
35 **Licht:** Dem Ruprecht?
Ruprecht: Mir?
Adam: Hab ich Ihm Schlingel,
Als Er nach Utrecht vor acht Tagen ging,
Nicht die Perück hier anvertraut, sie zum
40 Friseur, dass er sie renoviere, hinzutragen?
Ruprecht: Ob Er –? Nun ja. Er gab mir –
Adam: Warum hat Er
Nicht die Perück, Halunke, abgegeben?
Warum nicht hat Er sie, wie ich befohlen,
45 Beim Meister in der Werkstatt abgegeben?
Ruprecht: Warum ich sie –? Gotts, Himmel-Donner – Schlag!
Ich hab sie in der Werkstatt abgegeben.
Der Meister Mehl nahm sie –
Adam: Sie abgegeben?
50 Und jetzt hängt sie im Weinspalier bei Marthens?
O wart, Kanaille! So entkommst du nicht.
Dahinter steckt mir von Verkappung was,
Und Meuterei, was weiß ich? [...]

1 Werte die Reaktion des Richters auf das
plötzliche Auftauchen der Perücke.

Allmählich geht den Anwesenden ein Licht auf. Ruprecht, der sein Temperament nicht zügeln kann, beschimpft Adam, woraufhin dieser ihn kurzerhand wegen ungebührlichen Verhaltens dem Richter gegenüber für schuldig erklärt und ins Gefängnis werfen lassen will.

Ruprecht: In das Gefängnis gehn?

55 **Eve:** Den Hals ins Eisen stecken? Seid Ihr auch Richter?
  Er dort, der Unverschämte, der dort sitzt,
  Er selber wars –

Walter: Du hörsts, zum Teufel! Schweig!
  Ihm bis dahin krümmt sich kein Haar –

60 **Eve:** Auf, Ruprecht!
  Der Richter Adam hat den Krug zerbrochen!

Ruprecht: Ei, wart, du!

Frau Marthe: Er?

Frau Brigitte: Der dort?

65 **Eve:** Er, ja! Auf, Ruprecht!
  Er war bei deiner Eve gestern!
  Auf! Fass' ihn! Schmeiß ihn jetzo, wie du willst.

Walter *(steht auf)*: Halt dort! Wer hier Unordnungen –

Eve: Gleichviel!

70 Das Eisen ist verdient, geh, Ruprecht!
  Geh, schmeiß ihn von dem Tribunal herunter.

Adam: Verzeiht, ihr Herrn. *(Läuft weg.)*

Eve: Hier! Auf!

Ruprecht: Halt ihn!

75 **Eve:** Geschwind!

Adam: Was?

Ruprecht: Blitz-Hinketeufel!

Eve: Hast du ihn?

Ruprecht: Gotts Schlag und Wetter!

80 Es ist sein Mantel bloß!

Walter: Fort! Ruft den Büttel!

 ❷ Spielt diese turbulente Szene mit eigenen Worten nach.

1 Lies den zwölften Auftritt. Warum hat Eve bis zum Schluss gelogen?

Zwölfter Auftritt

Die Vorigen ohne Adam. Sie begeben sich alle in den Vordergrund der Bühne.

Ruprecht: Ei, Evchen!
   Wie hab ich heute schändlich dich beleidigt!
   Ei Gotts Blitz, alle Wetter; und wie gestern!
5   Ei, du mein goldnes Mädchen, Herzens-Braut!
   Wirst du dein Lebtag mir vergeben können?
Eve *(wirft sich dem Gerichtsrat zu Füßen)*:
   Herr! Wenn Ihr jetzt nicht helft, sind wir verloren!
Walter: Verloren? Warum das?
10 **Ruprecht:**   Herr Gott! Was gibts?
Eve: Errettet Ruprecht von der Konskription[1]!
   Denn diese Konskription – der Richter Adam
   Hat mirs als ein Geheimnis anvertraut,
   Geht nach Ostindien; und von dort, Ihr wisst,
15   Kehrt von drei Männern Einer nur zurück!
Walter: Was! Nach Ostindien! Bist du bei Sinnen?
Eve: Nach Bantam, gnädger Herr; verleugnets nicht!
   Hier ist der Brief, die stille heimliche
   Instruktion, die Landmiliz betreffend,
20   Die die Regierung jüngst deshalb erließ:
   Ihr seht, ich bin von allem unterrichtet.
Walter *(nimmt den Brief und liest ihn)*: O unerhört, arglistiger Betrug! –
   Der Brief ist falsch!
Eve: Falsch?
25 **Walter:**   Falsch, so wahr ich lebe!
   Herr Schreiber Licht, sagt selbst, ist das die Order,
   Die man aus Utrecht jüngst an euch erließ?
Licht: Die Order! Was! Der Sünder, der! Ein Wisch,
   Den er mit eignen Händen aufgesetzt! –
30   Die Truppen, die man anwarb, sind bestimmt
   Zum Dienst im Landesinneren; kein Mensch
   Denkt dran, sie nach Ostindien zu schicken!

---

1 Verpflichtung der männlichen Bevölkerung zum Kriegsdienst

Adolf Menzel: Der Gerichtsrat mit den für Ruprecht gefälschten Papieren, 1875

Eve: Nein, nimmermehr, Ihr Herrn?
Walter: Bei meiner Ehre!
35   Und zum Beweise meines Worts: den Ruprecht,
      Wärs so, wie du mir sagst: ich kauf ihn frei!
Eve *(steht auf)*: O Himmel! Wie belog der Böswicht mich!
      Denn mit der schrecklichen Besorgnis eben,
      Quält' er mein Herz, und kam, zur Zeit der Nacht,
40   Mir ein Attest für Ruprecht aufzudringen;
      Bewies, wie ein erlognes Krankheitszeugnis,
      Von allem Kriegsdienst ihn befreien könnte;
      Erklärte und versicherte und schlich,

Um es mir auszufertgen, in mein Zimmer:
45 So Schändliches, Ihr Herren, von mir fordernd,
    Dass es kein Mädchenmund wagt auszusprechen!
Frau Brigitte: Ei, der nichtswürdig-schändliche Betrüger!
Ruprecht: Lass, lass den Pferdehuf, mein süßes Kind!
    Sieh, hätt ein Pferd bei dir den Krug zertrümmert,
50 Ich wär so eifersüchtig just, als jetzt!
                    (Sie küssen sich.) […]
Licht *(am Fenster)***:** Seht, wie der Richter Adam, bitt ich euch,
    Berg auf, Berg ab, als flöh er Rad und Galgen,
    Das aufgepflügte Winterfeld durchstampft!
55 **Walter:** Was? Ist das Richter Adam?
Licht: Allerdings!
Mehrere: Jetzt kommt er auf die Straße. Seht! seht!
    Wie die Perücke ihm den Rücken peitscht!
Walter: Geschwind, Herr Schreiber, fort! Holt ihn zurück!
60 Dass er nicht Übel rettend ärger mache.
    Von seinem Amt zwar ist er suspendiert[2],
    Und Euch bestell ich, bis auf weitere
    Verfügung, hier im Ort es zu verwalten;
    Doch sind die Kassen richtig, wie ich hoffe,
65 Zur Desertion[3] ihn zwingen will ich nicht.
    Fort! Tut mir den Gefallen, holt ihn wieder! […]

2 zeitweilig seiner Stellung enthoben   3 *hier* Flucht

2 Nennt Ursachen, die zum Zusammenbrechen des Lügengespinsts des Richters geführt haben.

3 Stelle dir vor, Richter Adam stünde heute vor Gericht. Welcher Vergehen hat er sich schuldig gemacht?

4 Lies noch einmal die letzte Aussage von Gerichtsrat Walter. Welche Strafe soll Adam erhalten und wie bewertest du sie?

5 Wählt einen der Szenenausschnitte. Verteilt die Rollen und schaut euch noch einmal den wesentlichen Ablauf der Szene an. Spielt die Situation mit euren eigenen Worten frei nach.

Die Figurenkonstellation im Drama untersuchen

Das Erstellen der Figurenkonstellation gehört zur **Figurenanalyse.** Zunächst wird überprüft, welche Bedeutung die jeweilige Figur im Handlungsverlauf hat. Handelt es sich um eine Haupt- oder um eine Nebenfigur?

Hauptfiguren sind die zentralen Figuren eines Dramas, um die sich das Geschehen dreht. Sie treiben durch ihre Aktionen (als Spieler oder Gegenspieler) die Handlung voran und haben dementsprechend die umfangreichsten Textanteile.

Nebenfiguren sind in der Regel den Hauptfiguren »nur« beigeordnet. Oft verkörpern sie Diener, Boten oder dergleichen. Ihr Textanteil ist relativ gering. In den zentralen Konflikt des Dramas sind sie gar nicht oder kaum verstrickt, lediglich über die Hauptfigur, der sie zugeordnet sind. Sie sind dennoch wichtig für die dramatische Gestaltung einer Gesprächssituation bzw. für das Vorantreiben der Handlung.

Unter einer **Figurenkonstellation** versteht man die Gruppierung der Figuren in einem epischen oder dramatischen Werk. Mit ihrer Hilfe können wir erfassen, in welchem Verhältnis die Figuren zueinander stehen und wie sich die wechselseitigen Beziehungen zwischen ihnen während des Handlungsverlaufs entwickeln bzw. ändern.
    Sind sie Gegner oder Verbündete? Feind oder Freund?
    Sind ihre Beziehungen von Gefühlen (z.B. Liebe, Hass, Zuneigung, Abneigung) oder von Interessen (persönlich, machtpolitisch usw.) geleitet?

1 Unterteilt die Figuren in Kleists Drama in Haupt- und Nebenfiguren.

2 Notiert anhand der oben genannten Fragen die wesentlichen Informationen zu den Hauptfiguren in Stichpunkten.

3 Erarbeitet ein Schaubild, mit dessen Hilfe ihr die Beziehungen der Figuren zueinander darstellen könnt. Nutzt dazu eure Erfahrung im Erstellen eines Clusters.

Kapitel 6

Stürmische Zeiten!
Literatur in verschiedenen Epochen

Ich fühle eine Armee in meiner Faust –
Tod oder Freiheit!
Friedrich Schiller: Die Räuber

Szene aus Schillers »Die Räuber«

Wassily Kandinsky: Schweres Rot, 1924

[...] Wir sind nach Dingen krank,
die wir nicht kennen.
Wir sind sehr jung.
Und fiebern noch nach Welt.
Wir leuchten leise. –
Doch wir können brennen.
Wir suchen immer Wind,
der uns zu Flammen schwellt.
Ernst Wilhelm Lotz

1 Was sind für euch »stürmische Zeiten«? Führt ein Brainstorming durch und haltet eure Gedanken und Assoziationen für alle sichtbar fest.

2 Betrachte die Abbildungen, das Gedicht und das Dramenzitat. Setze sie mit der Überschrift des Kapitels in Verbindung.

3 Schreibe deine Gedanken zu dem Gemälde als kurzen Text auf. Das kann auch ein Gedicht sein.

1 Lies den folgenden Text. Formuliere anschließend einen Satz für deinen
   Merkhefter, was man unter dem Begriff *literarische Epoche* versteht.

Was man unter einer literarischen Epoche versteht

D as Wort *Epoche* wurde vom griechischen *epoché* abgeleitet und bedeutet
so viel wie »Haltepunkt« oder »Zeitabschnitt«. Ganz allgemein geht es
um einen längeren Zeitabschnitt, der über grundlegende Gemeinsamkeiten
verfügt. Die Geschichte der Menschheit, die Musik- oder Literaturgeschichte
5 sind Beispiele dafür.

Mithilfe der Einteilung der Literaturgeschichte in Epochen können wir
uns leichter über Literatur verständigen und uns mit ihr auseinandersetzen.
Bei den Epochen der deutschen Literatur geht es darum, gewisse Grundströmungen im literarischen Schaffen einer Zeit zu erkennen und diese zu be-
10 schreiben bzw. zu benennen.

Das Wort *Strömung* sagt bereits aus, dass es sich um eine fließende Entwick-
lung handelt, das heißt, die angegebenen Jahreszahlen für Beginn und Ende
einer literarischen Epoche sind ein zeitliches Hilfsgerüst, aber nicht als starre
Punkte zu betrachten. Die verschiedenen Epochen überschneiden sich in der
15 Regel sowohl inhaltlich als auch zeitlich. Außerdem gibt es von den vorherrschenden Grundströmungen innerhalb einer Epoche auch immer wieder in-
dividuelle Abweichungen. Diese werden durch das jeweilige Weltbild und die
politische Situation geprägt bzw. beeinflusst. Auch lässt sich nicht jede Autorin / jeder Autor einer bestimmten Epoche zuordnen.

2 Auf der folgenden Seite sind die wichtigsten Epochen der deutschen Literatur
   aufgeführt. Zeichne den Zeitstrahl ab. Notiere zu jeder Epoche ein historisches
   Ereignis, das während dieser Zeit stattfand.

3 Sucht zu einer der genannten literarischen Epochen heraus, was der Begriff
   bedeutet. Notiert stichpunktartig einige Besonderheiten dieser Epoche und führt
   die wichtigsten Vertreter mit ihren Werken auf.

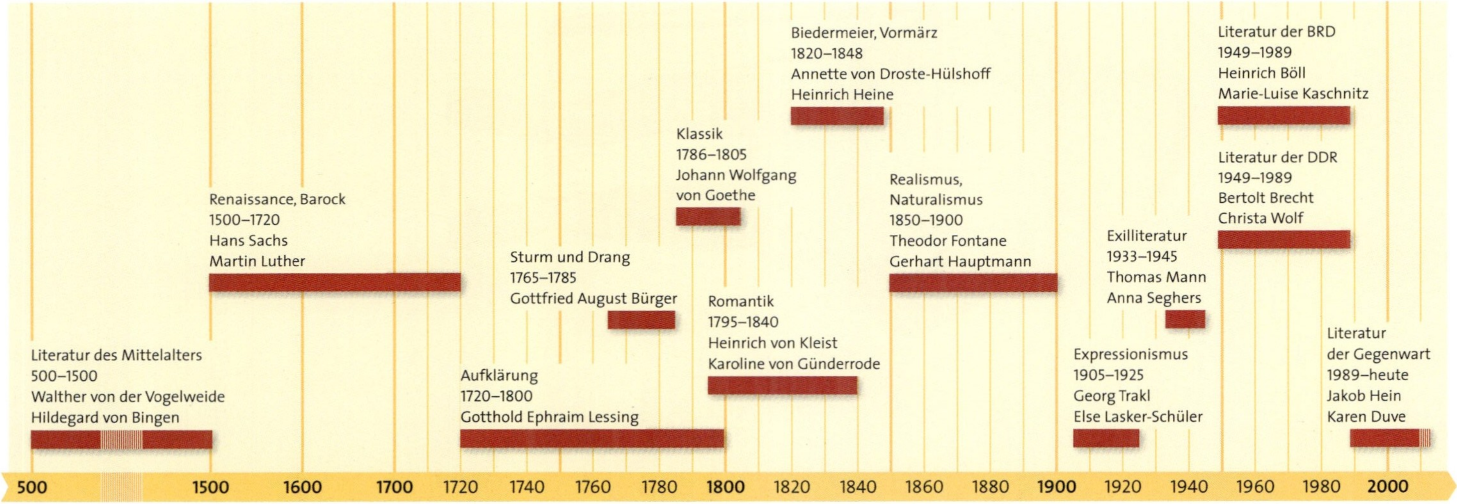

500 1500 1600 1700 1720 1740 1760 1780 1800 1820 1840 1860 1880 1900 1920 1940 1960 1980 2000

Literatur des Mittelalters
500–1500
Walther von der Vogelweide
Hildegard von Bingen

Renaissance, Barock
1500–1720
Hans Sachs
Martin Luther

Aufklärung
1720–1800
Gotthold Ephraim Lessing

Sturm und Drang
1765–1785
Gottfried August Bürger

Klassik
1786–1805
Johann Wolfgang
von Goethe

Romantik
1795–1840
Heinrich von Kleist
Karoline von Günderrode

Biedermeier, Vormärz
1820–1848
Annette von Droste-Hülshoff
Heinrich Heine

Realismus,
Naturalismus
1850–1900
Theodor Fontane
Gerhart Hauptmann

Expressionismus
1905–1925
Georg Trakl
Else Lasker-Schüler

Exilliteratur
1933–1945
Thomas Mann
Anna Seghers

Literatur der BRD
1949–1989
Heinrich Böll
Marie-Luise Kaschnitz

Literatur der DDR
1949–1989
Bertolt Brecht
Christa Wolf

Literatur
der Gegenwart
1989–heute
Jakob Hein
Karen Duve

Bertolt Brecht

Annette von Droste-Hülshoff

Gottfried August Bürger

Hildegard von Bingen

Gottfried August Bürger

Der Bauer an seinen Durchlauchtigen Tyrannen

Wer bist du, Fürst, dass ohne Scheu
Zerrollen mich dein Wagenrad,
Zerschlagen darf dein Ross?

Wer bist du, Fürst, dass in mein Fleisch
5   Dein Freund, dein Jagdhund, ungebläut[1]
Darf Klau und Rachen haun?

Wer bist du, dass durch Saat und Forst
Das Hurra deiner Jagd mich treibt,
Entatmet wie das Wild? –

10   Die Saat, so deine Jagd zertritt,
Was Ross und Hund und du verschlingst,
Das Brot, du Fürst, ist mein.

Du Fürst hast nicht bei Egg und Pflug,
Hast nicht den Erntetag durchschwitzt.
15   Mein, mein ist Fleiß und Brot! –

Ha!, du wärst Obrigkeit von Gott?
Gott spendet Segen aus; du raubst!
Du nicht von Gott, Tyrann!

1 *hier* ungestraft

1   Gib mit eigenen Worten wieder, was der Bauer seinem Fürsten vorwirft.

2   Erläutert den im Titel enthaltenen Widerspruch zwischen *durchlauchtig*
und *Tyrann*. Klärt zuerst die Bedeutung beider Wörter.

3   Trage das Gedicht so vor, dass die kämpferische Haltung des Bauern
deutlich wird.

1 Lies den Sachtext und notiere Stichpunkte zu den Hauptmerkmalen der Epoche.

Sturm und Drang

Die literarische Epoche von etwa 1765 bis 1785 wird als »Sturm und Drang« bezeichnet. Ihrem Wesen nach war sie eine Protestbewegung. Besonders die junge Generation begehrte auf gegen:
– den alleinigen Machtanspruch von Adel und Kirche,
5 – die erstarrten Verhaltensnormen der ständischen Gesellschaftsordnung,
– die einseitige Idealisierung der Vernunft,
– einengende und überholte Moralvorstellungen.
Gefühl und Spontaneität wurden höher gestellt als der Verstand, die Natur wurde als Ursprung alles Lebendigen und Schöpferischen vergöttert. Es gab
10 die Vorstellung des individuellen Genies, das Ideal eines Menschen, der sich seine Regeln und Gesetze selbst schafft.

Bevorzugtes Genre dieser Epoche war das Drama. Die festen Regeln der Einheit von Ort, Zeit und Handlung wurden durchbrochen. Stattdessen wechselte man häufig Ort und Zeit und gestaltete eine turbulente Handlung mit
15 z. T. Massenszenen. Tragische und komische Elemente verwendete man in ein und demselben Stück. Hauptpersonen waren Genies, Liebende oder aufrechte »Kraftkerle«, die sich selbst treu bleiben und nicht zögern, gegen die ganze Welt anzurennen, auch wenn dies den eigenen Untergang zur Folge hat.

Die Sprache war in ihrer Form ungebunden, alltagsnah und gefühlsbetont.
20 Themen waren beispielsweise die Auseinandersetzung des Einzelnen mit der gesellschaftlichen Realität, der Konflikt zwischen Leidenschaft und moralischen Verhaltensnormen oder die Korruption des höfischen Adels.

Die Lyrik war hauptsächlich von der Erlebnislyrik bestimmt. Dabei bringt der Dichter aus seinem persönlichen Erleben heraus seine Gefühle zum Aus-
25 druck. Das Wesen dieser Natur- und Liebesgedichte ist dem Volkslied nah. Daneben entwickelte sich auch ein freier Stil, der bewusst mit den bis dahin üblichen Regeln der Dichtkunst brach und dazu diente, Gefühle kraftvoll zu äußern.

2 Vergleicht das Gedicht von Bürger mit dem Sachtext. Welche Merkmale (sprachlich, inhaltlich) lassen erkennen, dass es zu dieser Epoche gehört?

1 Lies den folgenden Dramenauszug und gib den Inhalt in wenigen Worten wieder.

Friedrich Schiller

Die Räuber

Karl von Moor schreibt einen reuevollen Brief an den Vater mit der Bitte um Vergebung für sein wildes Studentenleben. Franz, sein jüngerer Bruder, fängt diesen Brief ab, weil er das ganze Erbe besitzen will. Er bringt den Vater dazu, Karl zu verstoßen.

1. Akt Zweite Szene

Schenke an den Grenzen von Sachsen. Karl von Moor in ein Buch vertieft. Spiegelberg trinkend am Tisch. [...]

Moor *(nimmt ihn lächelnd bei der Hand)*: Kamerad! Mit den Narrenstreichen ists nun am Ende.

5 **Spiegelberg** *(stutzig)*: Pfui, du wirst doch nicht gar den verlorenen Sohn spielen wollen! Ein Kerl wie du, der mit dem Degen mehr auf die Gesichter gekritzelt hat, als drei Substituten[1] in einem Schaltjahr ins Befehlbuch schreiben! Soll ich dir von der großen Hundsleiche vorerzählen? ha! ich muss nur dein eigenes Bild wieder vor dich rufen, das wird Feuer in deine

10 Adern blasen, wenn dich sonst nichts mehr begeistert. [...]

Moor: Und du schämst dich nicht, damit groß zu prahlen? Hast nicht einmal so viel Scham, dich dieser Streiche zu schämen?

Spiegelberg: Geh, geh! Du bist nicht mehr Moor. [...]

Moor: Glück auf den Weg! Steig du auf Schandsäulen zum Gipfel des Ruhms.

15 Im Schatten meiner väterlichen Haine, in den Armen meiner Amalia lockt mich ein edler Vergnügen. Schon die vorige Woche hab ich meinem Vater um Vergebung geschrieben, hab ihm nicht den kleinsten Umstand verschwiegen, und wo Aufrichtigkeit ist, ist auch Mitleid und Hilfe. Lass uns Abschied nehmen, Moritz. Wir sehen uns heut, und nie mehr. Die Post

20 ist angelangt. Die Verzeihung meines Vaters ist schon innerhalb dieser Stadtmauern.

(Schweizer, Grimm, Roller, Schufterle, Razmann treten auf.)

Roller: Wisst ihr auch, dass man uns auskundschaftet?

Grimm: Dass wir keinen Augenblick sicher sind, aufgehoben zu werden?

1 Gehilfen der Stadtschreiber

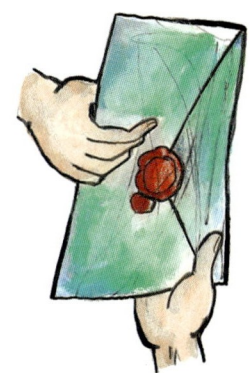

25 **Moor:** Mich wunderts nicht. Es gehe, wie es will! Saht
    ihr den Schwarz nicht? Sagt er euch von keinem
    Brief, den er an mich hätte?
Roller: Schon lang sucht er dich, ich vermute so etwas.
Moor: Wo ist er, wo, wo? *(Will eilig fort.)*
30 **Roller:** Bleib! wir haben ihn hieher beschieden. Du
    zitterst? –
Moor: Ich zittre nicht. Warum sollt ich auch zittern?
    Kameraden! dieser Brief – freut euch mit mir! Ich bin
    der Glücklichste unter der Sonne, warum sollt ich
35 zittern?
(Schwarz tritt auf.)
Moor *(fliegt ihm entgegen)*: Bruder, Bruder, den Brief! den Brief!
Schwarz *(gibt ihm den Brief, den er hastig aufbricht)*: Was ist dir? wirst du
    nicht wie die Wand?
40 **Moor:** Meines Bruders Hand! […]
(Moor lässt den Brief fallen und rennt hinaus. Alle fahren auf.)
Roller *(ihm nach)*: Moor! wonaus, Moor? was beginnst du?
Grimm: Was hat er, was hat er? Er ist bleich wie die Leiche.
Schweizer: Das müssen schöne Neuigkeiten sein! Lass doch sehen!
45 **Roller** *(nimmt den Brief von der Erde und liest)*: »Unglücklicher Bruder!« der
    Anfang klingt lustig. »Nur kürzlich muss ich dir melden, dass deine Hoff-
    nung vereitelt ist – du sollst hingehen, lässt dir der Vater sagen, wohin dich
    deine Schandtaten führen. Auch, sagt er, werdest du dir keine Hoffnung
    machen, jemals Gnade zu seinen Füßen zu erwimmern, wenn du nicht
50 gewärtig sein wollest, im untersten Gewölb seiner Türme mit Wasser und
    Brot so lang traktiert zu werden, bis deine Haare wachsen wie Adlersfedern
    und deine Nägel wie Vogelsklauen werden. Das sind seine eigene Worte. Er
    befiehlt mir, den Brief zu schließen. Leb wohl auf ewig! Ich bedaure dich –
    Franz von Moor.«
55 **Schweizer:** Ein zuckersüßes Brüderchen! In der Tat! – Franz heißt die
    Kanaille?
Spiegelberg *(sachte herbeischleichend)*: Von Wasser und Brot ist die Rede?
    Ein schönes Leben! Da hab ich anders für euch gesorgt! Sagt ichs nicht,
    ich müsst am Ende für euch alle denken?
60 **Schweizer:** Was sagt der Schafskopf? der Esel will für uns alle denken?
Spiegelberg: Hasen, Krüppel, lahme Hunde seid ihr alle, wenn ihr das Herz
    nicht habt, etwas Großes zu wagen!

Roller: Nun, das wären wir freilich, du hast Recht – aber wird es uns auch aus dieser vermaledeiten Lage reißen, was du wagen wirst? wird es? –

65 **Spiegelberg** *(mit einem stolzen Gelächter)*: Armer Tropf! aus dieser Lage reißen? hahaha! – aus dieser Lage reißen? – [...] Zu Helden, sag ich dir, zu Freiherrn, zu Fürsten, zu Göttern wirds euch machen!

Razmann: Das ist viel auf einen Hieb, wahrlich! Aber es wird wohl eine halsbrechende Arbeit sein, den Kopf wirds wenigstens kosten.

70 **Spiegelberg:** Es will nichts als den Mut [...] Mut, sag ich, Schweizer! Mut, Roller, Grimm, Razmann, Schufterle! Mut! –

Schweizer: Mut? wenns nur das ist – Mut hab ich genug, um barfuß mitten durch die Hölle zu gehn.

Schufterle: Mut genug, mich unterm lichten Galgen mit dem leibhaftigen
75 Teufel um einen armen Sünder zu balgen.

Spiegelberg: So gefällt mirs! [...] *(Er stellt sich mitten unter sie mit beschwörendem Ton)* Wenn noch ein Tropfen deutschen Heldenbluts in euren Adern rinnt – kommt! Wir wollen uns in den böhmischen Wäldern niederlassen, dort eine Räuberbande zusammenziehn und – Was gafft ihr mich an? –
80 ist euer bisschen Mut schon verdampft?

Roller: Du bist wohl nicht der erste Gauner, der über den hohen Galgen weggesehen hat – und doch – Was hätten wir sonst noch für eine Wahl übrig?

Spiegelberg: Wahl? Was? nichts habt ihr zu wählen! [...] *(aufgesprungen)* frisch
85 auf! Kameraden! was in der Welt wiegt diesen Rausch des Entzückens auf? Kommt, Kameraden!

Roller: Sachte nur! Sachte! wohin? [...] Auch die Freiheit muss ihren Herrn haben. Ohne Oberhaupt ging Rom und Sparta zugrunde.

Spiegelberg *(geschmeidig)*: Ja – haltet – Roller sagt recht. Und das muss ein
90 erleuchteter Kopf sein. Versteht ihr? Ein feiner politischer Kopf muss das sein! [...]

Roller: Wenn sichs hoffen ließe – träumen ließe – Aber ich fürchte, er wird es nicht tun. [...] Und leck ist das Ganze, wenn ers nicht tut. Ohne den Moor sind wir Leib ohne Seele.

95 **Spiegelberg** *(unwillig von ihm weg)*: Stockfisch!
(Moor tritt herein in wilder Bewegung und läuft heftig im Zimmer auf und nieder, mit sich selber.)

Moor: Menschen – Menschen! falsche, heuchlerische Krokodilbrut! Ihre Augen sind Wasser! Ihre Herzen sind Erz! Küsse auf den Lippen! Schwerter
100 im Busen! [...] Bosheit hab ich dulden gelernt, kann dazu lächeln, wenn

mein erboster Feind mir mein eigen Herzblut zutrinkt – aber wenn Blut-
liebe zur Verräterin, wenn Vaterliebe zur Megäre[2] wird: oh so fange Feuer,
männliche Gelassenheit! verwilde zum Tiger, sanftmütiges Lamm! und
jede Faser recke sich auf zu Grimm und Verderben!

105 **Roller:** Höre, Moor! Was denkst du davon? Ein Räuberleben ist doch auch
besser als bei Wasser und Brot im untersten Gewölbe der Türme? [...]

Moor: Es ist unglaublich, es ist ein Traum, eine Täuschung – So eine rührende
Bitte, so eine lebendige Schilderung des Elends und der zerfließenden
Reue – die wilde Bestie wär in Mitleid zerschmolzen! Steine hätten Tränen

110 vergossen, und doch – [...] oh, dass ich durch die ganze Natur das Horn des
Aufruhrs blasen könnte, Luft, Erde und Meer wider das Hyänengezücht ins
Treffen zu führen!

Grimm: Höre doch, höre! Vor Rasen hörst du ja nicht.

Moor: Weg, weg von mir! [...] Aus meinen Augen, du mit dem Menschen-

115 gesicht! – Ich hab ihn so unaussprechlich geliebt! So liebte kein Sohn; ich
hätte tausend Leben für ihn *(schäumend auf die Erde stampfend)* ha! –
wer mir itzt ein Schwert in die Hand gäb, dieser Otterbrut eine brennende
Wunde zu versetzen! wer mir sagte, wo ich das Herz ihres Lebens erzielen,
zermalmen, zernichten – Er sei mein Freund, mein Engel, mein Gott –

120 ich will ihn anbeten!

Roller: Eben diese Freunde wollen wir ja sein, lass dich doch weisen!

Schwarz: Komm mit uns in die böhmischen Wälder! Wir wollen eine Räuberbande sammeln, und du – *(Moor stiert ihn an).*

Schweizer: Du sollst unser Hauptmann sein! [...]

125 **Moor:** Wer blies dir das Wort ein? Höre, Kerl! *(indem er Schwarzen hart
ergreift),* das hast du nicht aus deiner Menschenseele hervorgeholt! Wer
blies dir das Wort ein? Ja, bei dem tausendarmigen Tod! das wollen wir,
das müssen wir! der Gedanke verdient Vergötterung – Räuber und
Mörder! – So wahr meine Seele lebt, ich bin euer Hauptmann!

130 **Alle** *(mit lärmendem Geschrei):* Es lebe der Hauptmann!

2 nach der griech. Mythologie eine der drei Rachegöttinnen

 2 Sucht im Text Epochenmerkmale des Sturm und Drang. Nutzt die Informationen
des Sachtexts (S.123).

Expressionismus

Expressionismus (1905–1925) bedeutet so viel wie »Ausdruckskunst«. Der Begriff geht auf das lateinische Wort *expressio* (Ausdruck) zurück und wurde erstmalig 1911 anlässlich einer Ausstellung in Berlin verwendet, um die Bilder junger französischer Maler zu beschreiben. Später übertrug man
5 ihn auch auf das literarische und musikalische Schaffen jener Zeit.

Expressionistische Literatur zeichnet sich dadurch aus, dass sie das Publikum ohne jede Beschönigung anspricht und es innerlich erschüttert, was am folgenden Gedichtbeispiel sehr gut zu erkennen ist:

Ludwig Meidner: Apokalyptische Landschaft, 1913

August Stramm

Im Feuer

Tode schlurren
Sterben rattert
Einsam
Mauert
Welttiefhohe
Einsamkeiten.

Um die Jahrhundertwende herrschte besonders in der Jugend eine große Auf-
10 bruchstimmung, vergleichbar mit dem Aufbegehren der jungen Generation in der Epoche des Sturm und Drang. Während die Stürmer und Dränger die sozialen Missstände ihrer Zeit anklagten und für geistige Freiheit eintraten, sahen sich die jungen Expressionisten überdies mit der Bedrohung durch den Ersten Weltkrieg konfrontiert. Außerdem waren Großstadtanonymität, zu-
15 nehmende Entmenschlichung durch die Industrialisierung sowie düstere Visionen vom Ende der Welt die vorherrschenden Themen. Man wollte unbedingt wieder zu sich selbst finden und die Welt vor dem Untergang retten.

Die Sprache ist durch extreme Verbildlichung (Metaphorik), Wortneu-schöpfungen (Neologismen) sowie rauschhaft übersteigerte Gefühlsäußerun-
20 gen gekennzeichnet. Typisch ist der Bruch mit grammatischen Normen. Die Sprache ist oft auf das absolut Notwendige reduziert, d. h. stark verknappt. Das Hässliche und Schockierende erhält seinen Platz.

1 Nennt die wesentlichen Epochenmerkmale.

Georg Trakl

Vorstadt im Föhn

Am Abend liegt die Stätte öd und braun,
Die Luft von gräulichem Gestank durchzogen.
Das Donnern eines Zugs vom Brückenbogen –
Und Spatzen flattern über Busch und Zaun.

5 Geduckte Hütten, Pfade wirr verstreut,
In Gärten Durcheinander und Bewegung,
Bisweilen schwillt Geheul aus dumpfer Regung,
In einer Kinderschar fliegt rot ein Kleid.

Am Kehricht pfeift verliebt ein Rattenchor.
10 In Körben tragen Frauen Eingeweide,
Ein ekelhafter Zug voll Schmutz und Räude,
Kommen sie aus der Dämmerung hervor.

Und ein Kanal speit plötzlich feistes Blut
Vom Schlachthaus in den stillen Fluss hinunter.
15 Die Föhne färben karge Stauden bunter
Und langsam kriecht die Röte durch die Flut.

Ein Flüstern, das in trübem Schlaf ertrinkt.
Gebilde gaukeln auf aus Wassergräben,
Vielleicht Erinnerung an ein früheres Leben,
20 Die mit den warmen Winden steigt und sinkt.

Aus Wolken tauchen schimmernde Alleen,
Erfüllt von schönen Wägen, kühnen Reitern.
Dann sieht man auch ein Schiff auf Klippen scheitern
Und manchmal rosenfarbene Moscheen.

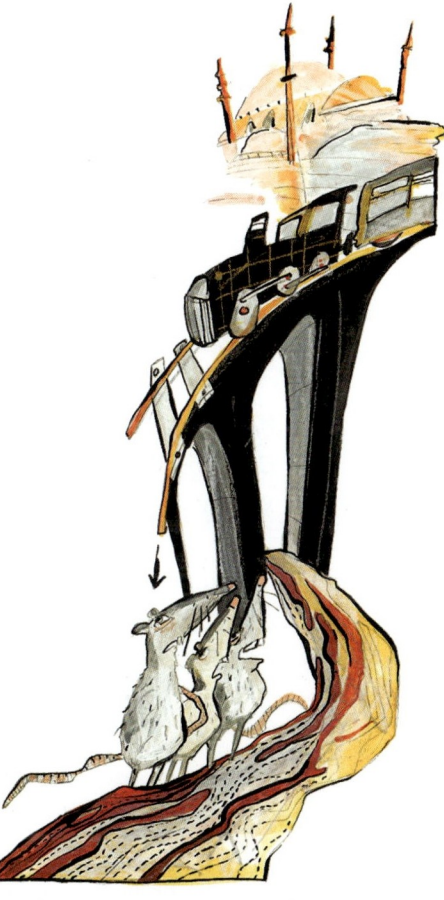

1 Beschreibe Trakls Sicht auf die Vorstadt. Welche Gefühle werden vermittelt?

2 Ordnet den Merkmalen expressionistischer Literatur entsprechende Textbeispiele
aus dem Gedicht zu.

1 Welche Erwartungshaltung hast du beim Lesen des Gedichttitels?

2 Lies das Gedicht. Überprüfe, ob deine Erwartungen erfüllt werden.

Else Lasker-Schüler

Weltende

Es ist ein Weinen in der Welt,
Als ob der liebe Gott gestorben wär,
Und der bleierne Schatten, der niederfällt,
Lastet grabesschwer.

5 Komm, wir wollen uns näher verbergen ...
Das Leben liegt in aller Herzen
Wie in Särgen.

Du! wir wollen uns tief küssen –
Es pocht eine Sehnsucht an die Welt,
10 An der wir sterben müssen.

3 Welche Grundstimmung kommt
in diesem 1905 entstandenen Gedicht
zum Ausdruck? Belege deine Ansicht
mithilfe von Textbeispielen.

3 Auch Jakob van Hoddis schrieb 1911 ein Gedicht mit dem Titel *Weltende*.
Lest es und vergleicht beide Gedichte miteinander. Notiert eure Ergebnisse
stichpunktartig in einer Tabelle.

Jakob van Hoddis

Weltende

Dem Bürger fliegt vom spitzen Kopf der Hut,
In allen Lüften hallt es wie Geschrei.
Dachdecker stürzen ab und gehn entzwei
Und an den Küsten – liest man – steigt die Flut.

Der Sturm ist da, die wilden Meere hupfen
An Land, um dicke Dämme zu zerdrücken.
Die meisten Menschen haben einen Schnupfen.
Die Eisenbahnen fallen von den Brücken.

4 Nennt Merkmale beider Gedichte, die sie als expressionistisch kennzeichnen.

5 Welche Wirkung wird beim Lesen erzeugt? Formuliere auffällige Sprachbilder
als Zeitungsschlagzeilen.

6 Stelle Vermutungen darüber an, weshalb van Hoddis' Gedicht mit großer
Begeisterung aufgenommen wurde. Lies dazu die Zeilen, in denen
der Schriftsteller Johannes R. Becher seine Erinnerung daran zum Ausdruck
bringt.

»Diese zwei Strophen, o diese acht Zeilen schienen uns in andere
Menschen verwandelt zu haben, uns emporgehoben zu haben aus einer
Welt stumpfer Bürgerlichkeit, die wir verachteten und von der wir nicht
wussten, wie wir sie verlassen sollten. Diese acht Zeilen entführten uns ...
wir sangen sie, wir summten sie ... wir gingen mit diesen acht Zeilen auf den
Lippen in die Kirchen, und wir saßen, sie vor uns hinflüsternd, mit ihnen
beim Radrennen. Wir riefen sie uns gegenseitig über die Straße hinweg zu
wie Losungen ...«

Fachübergreifendes

Der Erste Weltkrieg – Europa versinkt in Finsternis

E in Ereignis der Geschichte beeinflusste das
Schaffen der Expressionisten ganz wesentlich:
der Erste Weltkrieg von 1914 bis 1918. 17 Millionen
Menschen fielen ihm zum Opfer. Mit dem Ersten
5 Weltkrieg fand eine Epoche unbedingten und opti-
mistischen Fortschrittsglaubens ihr jähes Ende.
Ausgelöst durch die mörderische Realität der
Schlachtfelder herrschte bald eine große Ernüch-
terung auch unter denen, die den Krieg zunächst
10 als Kampfmittel gegen die überkommene bürgerliche Gesellschaft begrüßt
und sogar verherrlicht hatten. Denn für die Kriegsführung wurden erstmals
Waffen eingesetzt, die es ermöglichten, viele Menschen auf einmal zu töten:
Maschinengewehre, Flugzeuge, U-Boote und Panzer sowie Giftgas.

Der 20-jährige französische Soldat René Jacob[1] schrieb 1915 in einem Brief an
15 seine Eltern:

»Auf einmal erschien vor uns das Schlachtfeld mit all seinem Grauen.
Leichname ... am Rand der Landstraße. Schwärzliche, grünliche zerfallene
Leichname in den Senken. ... Ein schrecklicher Geruch, ein Beinhausgeruch,
steigt aus der Verwesung hervor. Der in Böen wehende Wind vermochte nicht,
20 den Geruch des Todes zu vertreiben.«

Der 38-jährige Landwirt Stefan Schimmer[2] schrieb seiner Frau von der Front:
»03. 11. 1914: Wenn wir nur nicht ins Gefecht müssten.
15. 11. 1914: Wenn wir bloß Stellung hier halten müssten, wäre es nicht so
schlimm. Aber wenn wir angreifen müssen, gehen ganze Kompanien drauf.
25 06. 12. 1914: Bin gar nicht viel hungrig. Kann nichts essen vor lauter Gram
und Sorgen. Ich halte es keine vier Monate mehr aus. Du weißt ja gar nicht,
wie es mir ist. Ich bin ganz kaputt.
09. 12. 1914: Kann dir nicht viel Neues schreiben, bloß, dass es bei uns immer
schlechter wird. Fast Tag und Nacht geht die Schießerei fort. Bei Tag auch
30 noch Artillerie.«

1 René Jacob fiel im Februar 1916 vor Verdun.   2 Am 22. Juni 1915 wurde Stefan Schimmer bei einer
Offensive eingesetzt. Er starb im Gewehrfeuer.

Edlef Köppen

Mein armer Bruder – warum tat man das?

Aber die Angst deiner großen gezerrten Augen
schrie in Nacht. Und Nacht ist kalt.
Alle hatten ihre Ohren verstopft mit Gemeinheit und
Morden,
5 und keinen nahm dein Flehen an die Hände,
dich weich zu betten.
Keinem winkte dein dampfender Arm.
Keiner legte Kühlen auf deine zerbrochene Brust.
Und als du *Mutter* sagtest, dass die Bäume bebten,
10 zerdrückte etwas deinen dürstenden Hals.

Oh, ... mein armer Bruder!
ich muss immer deine Augen sehen.
Und immer wächst aus ihnen eine Frage ...

Otto Dix: Maschinengewehrzug geht vor.
Somme, November 1924

August Stramm

Patrouille

Die Steine feinden
Fenster grinst Verrat
Äste würgen
Berge Sträucher blättern raschlig
Gellen
Tod.

1 Wie werden die Auswirkungen des Krieges in beiden Gedichten beschrieben? Suche entsprechende sprachliche Bilder heraus und erkläre ihre Bedeutung.

2 Stellt Vermutungen darüber an, weshalb gerade der Expressionismus dazu geeignet ist, das Grauen des Krieges auszudrücken.

3 Tauscht euch darüber aus, was Krieg für das Leben von Menschen bedeutet.

Fachübergreifendes

Im Farbrausch – expressionistische Malerei

Franz Marc: Rotes und blaues Pferd, 1912

Auch in der Malerei war der Expressionismus eine radikale Bewegung. Die Werke der Expressionisten stellten die Gedanken- und Ge-
5 fühlswelt in einer stark verzerrten Sehweise dar sowie in einer wahrhaften Explosion von glühenden Farben. Die Sonne ist grün, Menschen sind blau – die ganze Welt ist ein einziger
10 Farbrausch! Der Künstler schafft seine eigene Realität.

Berühmte Vertreter des Expressionismus waren z. B. die Mitglieder der Künstlergemeinschaft »Die Brücke«, die 1905 von den Architekturstudenten Ernst Ludwig Kirchner, Erich Heckel, Karl Schmidt-Rotluff und Fritz Bleyl in
15 Dresden gegründet wurde. Ihr schlossen sich so bekannte Künstler wie Emil Nolde, Max Pechstein und Otto Mueller an.

Eine weitere Künstlervereinigung des Expressionismus waren die »Blauen Reiter«, eine Gruppe, die sich um den russischen Künstler Wassily Kandinsky 1911 in München gründete. Ihr gehörten unter anderem Künstler wie Paul
20 Klee, August Macke oder Franz Marc an. Von den weiblichen Künstlerinnen ist Paula Modersohn-Becker, die u. a. im norddeutschen Künstlerdorf Worpswede lebte, die bekannteste.

Noch heute erfreuen sich die Werke des Expressionismus großer Beliebtheit. Sie gehören zu den beeindruckendsten Zeugnissen der Moderne.

1 Wählt einen Künstler des Expressionismus aus und haltet einen Kurzvortrag zu seinem Leben und Schaffen. Nutzt zur Vorbereitung Nachschlagewerke oder das Internet. Stellt eins seiner Bilder ausführlicher vor.

2 Baut in eurem Klassenraum eine Ausstellung auf. Besorgt euch dazu Kopien expressionistischer Werke und notiert daneben eure Eindrücke.

Kapitel 7

Projekt:
Berufswünsche und Lebensträume

1 Hast du schon einen Berufswunsch? Begründe deine Wahl bzw. versuche herauszufinden, warum du noch keine Vorstellungen von deinem Beruf hast.

2 Was macht für euch einen Traumberuf aus? Veranstaltet dazu ein Brainstorming.

3 Erstellt eine Liste, die jedem Schulfach Berufsbereiche zuordnet.

Der »Salon Marielou« ist ein altmodischer und fami-
liärer Friseurladen. Und auch wenn der 14-jährige Louis am
Anfang kaum weiß, was er da soll, so zeigt ihm
dieses Praktikum schon bald, wofür er wirklich Talent hat:
zum Haareschneiden!

Marie-Aude Murail

Über kurz oder lang

Das Praktikum

E in Praktikum!«, rief Monsieur Feyrières. »Was sind das denn schon wieder
  für Erfindungen? Die Kinder können keine drei korrekten Sätze aneinan-
derreihen, aber müssen ein Praktikum machen. Und überhaupt: Was für ein
Praktikum?«

5   Er wandte sich seinem Sohn am anderen Ende des Tisches zu.
    »Weiß ich doch nicht«, brummelte Louis. »Is' unser Problem, hat die Lehre-
rin gemeint.«
    »›Is' unser Problem‹«, äffte sein Vater ihn nach. »Geh zu den Straßen-
kehrern, da werden sie dich nehmen. Nein, nicht Straßenkehrer, heute heißt

10 das ja bestimmt *Pfleger des öffentlichen Raumes.*« Monsieur Feyrières lachte höh-
nisch. Er selbst war Chirurg. Ein stattlicher Mann mit kräftiger Stimme, der
schon ganz allein das Esszimmer ausfüllte. Und doch saßen da noch vier weitere Personen am Tisch: Floriane, sieben, Louis, vierzehn, Madame Feyrières
sowie Großmama.

15 »Wenn es nur um eine Woche geht, könnte ich vielleicht etwas für ihn auf-
treiben«, sagte diese.
    Monsieur Feyrières setzte seiner Schwiegermutter gegenüber eine Gri-
masse auf, die ein ermutigendes Lächeln sein sollte.
    »Meine Friseurin nimmt Lehrlinge«, fuhr Großmama fort. »Ein Praktikant

20 ist doch im Grunde auch nichts anderes.«
    Monsieur Feyrières riss die Augen auf.
    »Ein Friseurpraktikum? Für Louis?«
    »Oh jaa! Super!«, flüsterte Floriane. »Ich will Friseurin werden, wenn ich
groß bin.«

25 Madame Feyrières warf ihrer Jüngsten, die ihren schulfreien Mittwoch damit verbrachte, ihre Rapunzel-Barbie zu frisieren, einen nachsichtigen Blick
zu. Dann wandte sie sich an ihre Mutter.

»Weißt du, Mama, ich weiß nicht recht, was Louis in einem Friseursalon tun sollte.«

30 »Kein Beruf ist schlechter als der andere«, erwiderte Großmama, die mit sechzehn im Backgewerbe angefangen hatte.

»Das wäre doch fantastisch«, schnaubte Monsieur Feyrières und tat, als bewundere er ein Ladenschild auf der gegenüberliegenden Wand: »LOUIS, Damenfriseur.«

35 Aber da niemandem eine andere Idee für ein Praktikum einfiel, versprach Großmama, mit Marielou darüber zu sprechen, der Chefin des Friseursalons.

»Ist dir das auch nicht unangenehm?«, fragte Madame Feyrières besorgt.

»Mir egal«, knurrte Louis.

Als sie im Schlafzimmer waren, fürchtete Madame Feyrières einen Wutan-
40 fall ihres Mannes. Bestimmt würde er sich über die verrückten Ideen von Großmama beklagen.

»Im Grunde ist so ein Praktikum keine schlechte Sache«, sagte er [...]. »Louis wird lernen, was Arbeit bedeutet, er wird fegen, aufräumen, stundenlang stehen. Ich mach dir keine Vorwürfe, Véra, aber du verwöhnst den Jungen zu
45 sehr. Es wird Zeit, dass er die Realität kennen lernt!«

Monsieur Feyrières redete laut und mit weit ausholenden Gesten, als wäre er umringt von seinen Studenten.

»Eine handwerkliche Arbeit hat auch ihre Tugenden«, bemerkte seine Frau mit leiser Stimme.

50 Monsieur Feyrières warf ihr einen mitleidigen Blick zu: »Ja, nämlich die große Tugend, dass man begreift, wie wichtig es ist, etwas für seine Schulbildung zu tun.«

An eben diese Schulbildung dachte Louis in seinem Zimmer. Er kam in Mathe kaum mit, begriff nicht, was die Französischlehrerin eigentlich von ihm

55 wollte, schlief im Deutschunterricht ein. Von Zeit zu Zeit gab er sich einen
Ruck, ein bisschen aus Selbstachtung, ein bisschen, weil er Angst vor seinem
Vater hatte. Er verstaute die Hausaufgaben und Kopien in den Tiefen seines
Rucksacks. Dann versank er wieder in einem Sumpf aus Träumen und unkla-
ren Gedanken.

60 Der Tag war noch nicht richtig angebrochen, als Louis sich am nächsten
Morgen zur Schule aufmachte. Er hatte Lust, einen Umweg durch die Fuß-
gängerzone zu gehen. Großmamas Friseur, der *Salon Marielou*, lag in der Rue
de la Cerche, gegenüber einer Bäckerei. Als er vor dem Schaufenster vorbeikam, ging Louis langsamer. *9:00 bis 20:00 Uhr* stand als Öffnungszeit am Ein-
65 gang, aber im Inneren blinkte bereits ein blasses Neonlicht. Eine Frau in Pantoffeln wischte mit einem Lappen den Fliesenboden. Sie richtete sich auf, eine
Hand im Rücken, und blickte auf die Straße hinaus. Louis sah, dass sie ihn gesehen hatte. Er wurde rot und verdrückte sich. Diese von der Erschöpfung
überwältigte Frau verfolgte ihn den ganzen Vormittag. War sie *Marielou*, die
70 Besitzerin des Friseursalons?

»Ich hab einen Praktikumsplatz bei *Radio Vibrations* gefunden«, erzählte
Ludovic stolz in der Schulkantine. »Der Moderator ist endcool, du kannst die
Stars sehen und so. Letzte Woche hatten sie L5 im Studio.«

Der Vater von Ludovic Janson war Anästhesist und arbeitete häufig mit
75 Monsieur Feyrières zusammen. Dieser hatte daher beschlossen, dass Louis
und Ludovic Freunde sein sollten und dass Floriane und Melissa, die beiden
jüngeren Schwestern, sich vergöttern würden. Durch einen glücklichen Zu-
fall waren Ludovic und Louis (wie ähnlich doch schon ihre Vornamen waren!)
dieses Jahr in dieselbe neunte Klasse gekommen.

80 »Was machst du als Praktikum?« Louis sah seinen Klassenkameraden an und knackte mit den Fingern.

Er begriff immer noch nicht, warum Ludovic sich im Unterricht neben ihn und in der Kantine ihm gegenübersetzte. Manchmal hatte er das Bedürfnis, ihm zu sagen: Ach, übrigens, weißt du was? Du bist mir scheißegal.

85 »Mir scheißegal«, knurrte Louis.

Und er entlockte seinen Fingergelenken ein klangvolles Knacken.

»Ja, aber was sagst du dann der Französischlehrerin?«

Ludovic war ein guter, leicht gestresster Schüler.

»Ich mach ein Praktikum in einem Friseursalon«, erklärte Louis, um die
90 Wirkung zu testen.

»Willst du mich verarschen?«

Louis dachte *ja* und antwortete:

»Nein.«

»Hast du keine Angst? Friseure sind doch alle schubidubidu …«

95 Ludovic setzte ein feminines Gesicht auf und schlenkerte mit dem Handgelenk. »Täuschend echt«, gratulierte Louis. »Aber im *Salon Marielou* gibt's nur Friseurinnen.«

In Gedanken sah er wieder die Frau mit dem Scheuerlappen vor sich.

»Da ist eine, eine Blondine, wenn die sich zum Haarewaschen vorbeugt,
100 siehst du alles.«

Ludovic war für den Rest des Tages sprachlos.

1 Nenne mehrere Gründe, warum sich Louis für ein Praktikum im Friseursalon *Marielou* entscheidet.

2 Stellt zusammen, welche Auffassungen zum Berufsleben die einzelnen Personen vertreten.

3 Stellt euch vor, Louis entscheidet sich für eine Ausbildung zum Friseur. Wie könnte er das seinem Vater, dem erfolgreichen Chirurgen, gegenüber begründen? Spielt einen Dialog zwischen den beiden vor.

Auf einer Computerausstellung wird aus Justine plötzlich Jake. Der Wechsel von Mädchen zu Junge bringt viele Turbulenzen mit sich, u.a. muss Jake Geld verdienen, um seinem Kumpel Chuck und dessen Mutter Maggie nicht länger auf der Tasche zu liegen.

Chloë Rayban

Echt unecht

I ch sah in meinen Taschen nach. Chuck hatte darauf bestanden, mir den Rest seines Geldes zu geben. Unser gemeinsames Vermögen betrug sage und schreibe vier Pfund und neun Pence[1]. Ich nahm den Bus zur Chelsea-Bibliothek. Irgendwie erschien mir das ein passender Ort: genau zwischen meinen
5 beiden Leben. Außerdem war es dort warm und der Eintritt war frei.

Ich fand einen Platz zwischen zwei alten Chelsea-Damen und durchstöberte die gestrige Ausgabe des *Evening Standard* nach Stellenangeboten.

Die bestanden hauptsächlich aus Inseraten, wo Leute mit Führerschein, Motorradboten oder Sekretärinnen mit fünfzig Wörtern in der Minute ge-
10 sucht wurden. Da ich nicht besonders viele Wörter in der Minute schaffte und weder ein Auto noch ein Fahrrad besaß, trafen alle nicht auf mich zu. Ich betrachtete nachdenklich so interessante Überschriften wie »Produktmanager/in« oder »Kontrollassistent/in« und fand sie alle schrecklich entmutigend. Es gab mehrere Anzeigen, die »Hoffmann-Drücker« suchten, aber da-
15 raus ging nicht hervor, wie dieser Hoffmann gedrückt werden wollte.

Eigentlich war alles nichts für mich, doch dann kam ich zu einer Spalte, die mit »Vermischte Kleinanzeigen« betitelt war. Hier gab es offensichtlich massenhaft Jobs für mich und meinesgleichen und unsere Talente und Qualifikationen.

20 »Hallo«, fing eine Anzeige an. »Wir suchen einige Leute, die eine freundliche Atmosphäre zu schätzen wissen.« – Das klang nach mir. – Und eine andere: »Geldgierig? Bei uns kann man wöchentlich 500 bis 1000 Pfund verdienen« – das klang noch mehr nach mir! Ich raste zur Telefonzelle, hier durfte ich keine Zeit verlieren.

25 Nach dem dritten Anruf merkte ich, dass ich noch eine Menge über Kleinanzeigen lernen musste. »Lockere Einführung« bedeutete nämlich, dass man in Wirklichkeit wochenlang umsonst arbeiten musste, um vielleicht irgend-

1 britische Währung, Summe entspricht etwa 4 Euro

wann später mal eine feste Stelle zu kriegen. Außerdem brauchte man jede Menge Lebensläufe, Vorerfahrung und Zeugnisse. Eine Firma wollte sogar un-

30 verschämterweise meinen Ausweis sehen, obwohl meine Stimme ganz bestimmt älter als achtzehn klang.

1 Trage zusammen, welche Erfahrungen Jake bei der Jobsuche macht.

2 Achte beim Weiterlesen darauf, wie Jake seinen Job meistert.

Um zwölf Uhr knurrte mir der Magen und meine Finanzen waren auf 3 Pfund und 45 Pence geschrumpft. Ich haute 36 Pence für einen Schokoladenriegel auf den Kopf, setzte mich auf die Bank vor der Bibliothek und versuchte, ihn

35 so langsam wie möglich zu essen. Als ich dann wieder einigermaßen bei Kräften war, wollte ich nach Chiswick zurücklaufen. Wenn ich das Timing richtig schaffte, dann würde Maggie denken, ich hätte den ganzen Tag in der Schule gesessen. Außerdem sparte ich so das Fahrgeld.

Ich marschierte also los in Richtung Ende der Welt. [...] Plötzlich sah ich im

40 Fenster einer Drogerie die Lösung all meiner Probleme:

Sichtverbesserer für Kraftfahrzeuge

Für alle, die gern auf Achse sind

und gern neue Leute kennen lernen

Im Freien – flexible Arbeitsstunden

45 Vier Minuten später hatte ich voreiligerweise 3 Pfund und 9 Pence investiert und mich für eine nagelneue Karriere ausgestattet. Jetzt musste ich mir nur noch eine Ampel suchen, bei der ich mein Unternehmen starten würde. [...]

Als ich bei der Kreuzung ankam, sah ich mir erst

50 einmal an, wie der Verkehr floss. Aber eigentlich war es egal. Der Verkehr auf der Ear's Court Road war eine bunte Mischung aus Geschäftsfahrzeugen und Nobelmüttern, die ihre Einkäufe, Kinder und Hunde nach Süden beförderten. Auf der

55 Cromwell Road fuhren Geschäftsreisende, Busse, Limousinen und Taxis, die vom Flughafen Heathrow kamen bzw. dahin fuhren. Der Verkehr auf der Cromwell Road nach Westen erschien mir um eine

60 Spur vielversprechender und so stellte ich mich bei der Ampel auf, bereit zum Losschlagen.

Ich überlegte, ob Pavarotti sich so vor einem Auftritt fühlt ... Mein erstes Geschäft war irgendwie ein Reinfall. Ein riesengroßer Lastwagen hielt an der Ampel und ich winkte mit meinem Fensterwischer und brüllte: »Saubere 65 Scheibe gefällig?«

»Klar«, sagte der Fahrer und grinste. »Immer doch.«

Ich sprang auf die Trittleiter und beugte mich vor. Die Kühlerhaube war sehr breit, und auch wenn ich mich noch so sehr streckte, erwischte ich nur einen kleinen Teil der Windschutzscheibe.

70 Die Kerle in der Fahrerkabine amüsierten sich königlich und gaben mir heiße Tipps, dann stellte der Fahrer seine Scheibenwaschanlage an und ich wurde pitschnass. Ich sprang auf die Straße, eiskaltes Wasser floss mir am Hals runter und in mein Sweatshirt.

»Danke!«, brüllte der Fahrer und der Laster fuhr an und hustete mich mit 75 Dieselqualm voll.

Danach hatte ich eine Reihe von Typen, die in ihr Autotelefon quatschten, ihren Kopf schüttelten und mich böse anstarrten. Dann kam eine nette freundliche Dame, die lächelte und sagte: »Könntest du so nett sein und auch meine Seitenspiegel wischen?« Sie gab mir fünf Pence – fünf Pence für vorn, 80 hinten und zwei Seitenspiegel!

Dann kam ein Lieferwagen, der seit dem Verlassen der Fabrik nicht mehr gewaschen worden war.

»Machst du mir mal die hinteren Scheiben, Kumpel?« Mit einer Leiter wäre es zwar besser gegangen, aber ich kriegte es ziemlich gut hin und bekam 85 20 Pence.

Ich hatte nun eine halbe Stunde Berufserfahrung hinter mir und konnte mittlerweile einschätzen, wer wie viel blechen würde.

Am schlimmsten waren diejenigen ohne eine Spur von Fahrerstolz: Liefer-wagen und schrottreife Rostlauben, bei denen irgendjemand mit dem Finger

90 in die Staubschicht »Bitte wasch mich« oder »Schmutztest, bitte nicht stö-ren« geschrieben hatte.

Bei den Autos, in denen ein Jackett aufgehängt war, hatte ich meistens Glück. Das waren wahrscheinlich Vertreter und die wussten den Wert ehr-licher Arbeit unter schwerem ökonomischen Druck zu schätzen. Angeber-

95 autos wie Mercedes und Porsche ließen sich nicht eindeutig einordnen. Ein Typ gab mir eine Pfundmünze. Ein anderer fragte mich, ob ich seine Ameri-can-Express-Karte akzeptieren würde, und ein dritter ließ mich die Wind-schutzscheibe putzen und sagte dann »Verpiss dich!«

Nach ungefähr einer Stunde hatte ich um die 2 Pfund 90 Pence zusammen,

100 also hatte ich meine Investition gerade wieder raus. [...]

Um vier Uhr nachmittags nahm der Verkehr stark zu; jetzt kamen die vie-len Mütter, die ihre Kinder von der Schule abholten, und ich raste wie ein Ver-rückter von einem Auto zum nächsten. Gerade wischte ich meinen Fenster-wischer über das Rückfenster eines Range Rovers, hinter dem mir ein paar

105 Rottweiler mit sabbernden Lefzen aufmerksam zusahen und sich die Seele aus dem Hals bellten, als ich merkte, dass ich beobachtet wurde.

Ein massiger Typ in einem schmuddeligen T-Shirt und zerlöcherten Jeans stand da mit einem anderen Kerl, der sich ein gepunktetes Taschentuch nach Piratenart um den Kopf gebunden hatte. Ich war eben mit dem Rover fertig

110 und gab ihm noch einen professionellen letzten Wischer mit Dreckwasser über die Rücklichter, als sie mich anquatschten.

»Was glaubsten, wasse da machst?«, sagte der Massige.

Da die Antwort hierauf sich eigentlich von selbst ergab, beugte ich mich über meinen Eimer und tat so, als würde ich meinen Fensterwischer ausspü-

115 len. Dann sah ich, dass sie beide die übliche Ausrüstung der Scheibenputzer am Gürtel trugen: einen dreckigen Lappen.

3 Schreibt einen Dialog zwischen dem Scheiben wischenden Jake und einem der beschriebenen Fahrertypen. Spielt die Szene anschließend vor.

4 Mit welchen Ferien- oder Schülerjobs hast du schon Erfahrungen gemacht? Berichte davon.

1 Bereits im ersten Kapitel hast du von Filip gelesen (S. 20). Lies nun, wie er seinen Ferienjob im Einkaufscenter empfindet, und gib seine Eindrücke wieder.

Iva Procházková

Die Nackten

Der Nachmittag verläuft ruhig. Der tätowierte Verkäufer ist nicht da und sonst hat niemand das Bedürfnis, die Ferienjobber zu schikanieren. Filip arbeitet vor allem in der Abteilung »Balkon und Garten«. Er räumt Dutzende Paletten mit Astern und Geranien aus, die aussehen, als wären sie aus Plastik,

5 es aber nicht sind, schiebt Säcke mit Erde in die Regale sowie Sägen, Baumscheren, die *den höchsten Anforderungen entsprechen*, bunte Hängematten, Sonnenschirme. »Haben Sie auch nicht Ihre kleinen gefiederten Freunde vergessen?«, zwitschert eine Frauenstimme aus dem Lautsprecher. »Verwöhnen Sie Ihre Wellensittiche, Kanarienvögel und anderen Lieblinge mit unserem Pre-

10 mium Vogelfutter ...«

[...] Filip legt die letzten zwei Pakete »Der kleine Gärtner« ins Regal, richtet sich auf und schiebt den leeren Einkaufswagen langsam in den Mittelgang. Er hat genug. Er fühlt keine Müdigkeit, sondern eher Abgestumpftheit. Als er sich für diese Ferienarbeit entschied, dachte er, sie würde ihn vor allem kör-

15 perlich fordern. Das Schlimmste daran aber war die Mattscheibe, die sie im Kopf hinterlässt. Alles erscheint unklar, entfernt, wie aus dem Jenseits. Filip ist nicht fähig, sich auf etwas zu konzentrieren. Er verwechselt die Tage, denn einer ist wie der andere – inhaltslos. Das Buch, das er immer dabeihat, bleibt auch nach der Schicht zugeklappt, wenn er mit dem Bus heimfährt. Er schaut

20 in die ausgedorrte Landschaft, nimmt sie aber nicht wahr. Vor seinem geistigen Auge marschieren die Leben der Verkäufer, Lagerarbeiter und Kassierer vorbei. Er trägt das Einkaufszentrum in sich. [...]

Er stellt sich vor, wie es ist, auf diese Weise lange Monate, unendliche Jahre, das ganze Leben zu verbringen. Jeden Morgen in den Firmenkittel zu schlüp-

25 fen, das Firmengesicht aufzusetzen, vor Freude zu zittern, wenn es gelingt, irgendeines der angepriesenen Produkte an den Mann zu bringen, Prozente vom Verkauf oder Anteile an den Firmenerfolgen zu berechnen, abends den Kittel wieder auszuziehen ... und?

 **2** Überlegt euch Tipps, wie Filip Freude an seinem Ferienjob finden kann.

Berufsbild: Verkäufer/in

Verkäufer/in ist ein anerkannter Ausbildungs-
beruf, den man innerhalb von zwei Jahren als
duale Berufsausbildung in Betrieb und Berufs-
schule erlernen kann.

5 Je nach Betrieb oder Abteilung hat man z. B. mit
Bekleidung, Nahrungsmitteln oder Unterhaltungs-
elektronik zu tun. Man arbeitet sowohl in großen
Kaufhäusern und Supermärkten als auch in klei-
nen Modeläden, Bäckereien usw. Meist ist der Arbeitsort in Verkaufsräumen,
10 es gibt aber auch Tätigkeiten in Lager- und Kühlräumen oder im Freilandbe-
reich von Gartencentern.

Die Hauptaufgabe einer Verkäuferin / eines Verkäufers besteht in Verkaufs-
gesprächen und der Beratung von Kunden. Darüber hinaus nehmen Verkäufe-
rinnen und Verkäufer Waren an, sortieren sie, räumen sie in Regale ein und
15 zeichnen Preise aus. Beim Kassieren müssen sie die Echtheit von Geldschei-
nen prüfen, auf die richtige Ausgabe des Wechselgeldes achten und bargeld-
lose Zahlungen abwickeln. Oft wirken sie auch bei der Planung und Umsetzung von Werbemaßnahmen mit. Als Verkaufsleiterin/Verkaufsleiter prüfen
sie zudem den Lagerbestand und bestellen Waren nach.

20 In diesem Beruf kommt es vor allem auf die Kommunikationsfähigkeit an,
um Verkaufs- und Beratungsgespräche angemessen führen zu können. Ein
gutes Deutsch ist für den Umgang mit Kunden überaus wichtig. Außerdem
sind Mathematikkenntnisse notwendig, um Preise und Rabatte zu berechnen.

Für die Ausbildung ist kein bestimmter Schulabschluss vorgeschrieben.
25 In der Praxis beginnen 55 % der Bewerber mit Hauptschulabschluss und 33 %
mit einem Realschulabschluss eine Ausbildung zur Verkäuferin / zum Verkäufer.

1 Teile den Text in Sinnabschnitte ein und gib ihnen Zwischenüberschriften.

2 Vergleicht eure Ergebnisse und erstellt aus den Informationen des Textes
einen übersichtlichen Steckbrief.

3 Informiere dich im Internet über den Beruf, den du gern ergreifen möchtest,
und stelle ihn den anderen vor.

Welcher Beruf passt zu mir?

1. Mir liegen praktische Tätigkeiten, ich könnte nie den ganzen Tag am Computer sitzen.
2. Ich helfe gern anderen Menschen, deshalb würde ich mich in meinem Job gern sozial engagieren.
3. Ich kleide mich gern modisch und möchte gern was mit Mode machen.
4. Wichtig ist mir, Anerkennung für meine Arbeit zu bekommen.
5. Am liebsten bastele ich an meinem Motorrad herum. Gern würde ich dieses Hobby zu meinem Beruf machen.
6. Wichtig ist für mich, nette Kollegen und einen fairen Chef zu haben.
7. Ich habe ein Problem mit Vorgesetzten. Wenn ich dauernd kontrolliert werde, verliere ich die Lust an der Arbeit.
8. Ich rede nicht gerne lange herum, lieber packe ich zu.
9. Ich arbeite am liebsten im Team. Gemeinsam ist man einfach besser.
10. Ich bin fleißig, mir ist es aber lieber, wenn ein anderer die Verantwortung trägt.
11. Ich reise gern. Was man damit werden kann, muss ich noch herausfinden.
12. Wenn ich arbeite, möchte ich auch Ergebnisse sehen. Sonst verliere ich die Motivation.
13. Ich organisiere wahnsinnig gern und kann auch gut improvisieren. Dass man dabei mit Menschen zu tun hat, gefällt mir.
14. Viel Arbeit auf dem Tisch ist mir lieber als Langeweile.
15. Ich will Sportler werden.
16. Ich bin Perfektionist. Erst, wenn ich die beste Lösung für ein Problem gefunden habe, bin ich wirklich zufrieden.

1 Lest die Meinungen zum Thema *Arbeit/Berufe* durch und notiert in Partnerarbeit die Schlüsselbegriffe in Form eines Clusters.

2 Erstellt anhand dieser Begriffe einen Fragebogen zum Thema *Berufswahl* und führt in der Klasse eine Befragung durch.

1 Sieh dir das Diagramm an. Beschreibe mit eigenen Worten, welche Daten
in dieser Statistik erfasst sind.

Angebot und Nachfrage nach Ausbildungsstellen

Agentur für Arbeit Bautzen (September 2010)

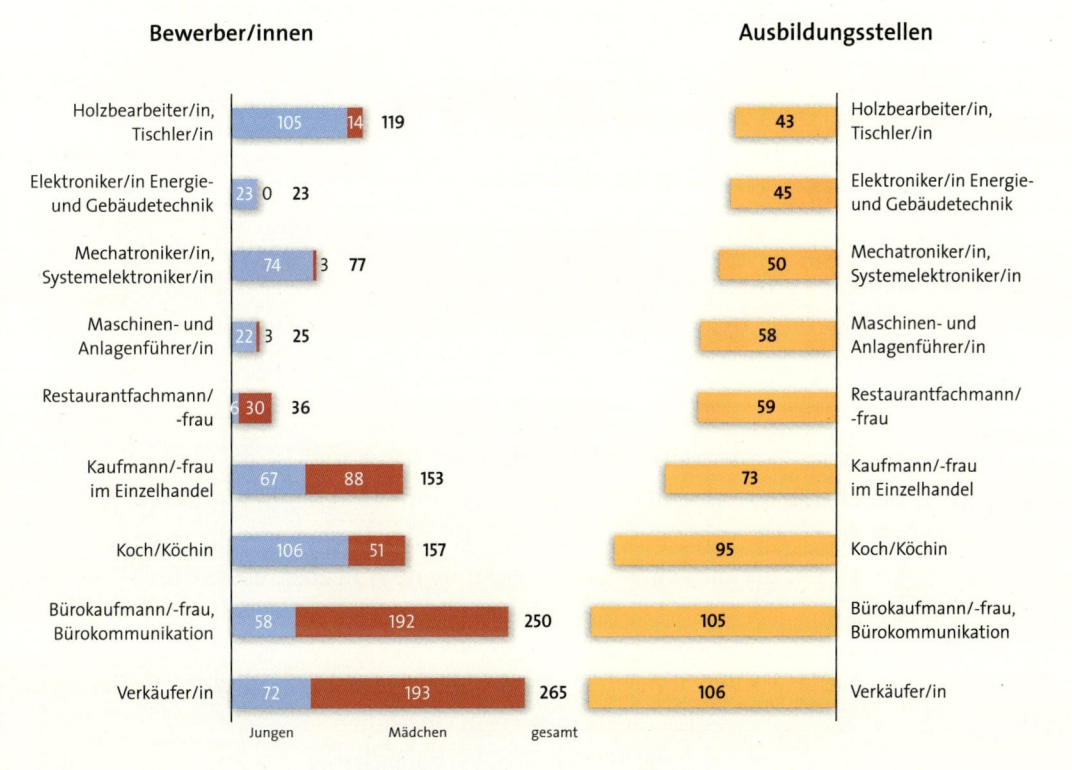

2 Sucht heraus, wo die Differenz zwischen Bewerbungen und Ausbildungsstellen
besonders groß ist und für welche Berufe es mehr Stellen als Bewerber/innen
gibt. Rechnet dazu für alle Beispiele die Differenz aus.

Jürgen Sprenzinger

Sehr geehrter Herr Hornbach.
Um ein Haar hätte ich mich bei Ihnen beworben

Absagen auf unverlangte Stellenangebote

KASTNER&PARTNERS IN OBERHOFEN

TEXTER
für die wertvollste Marke Österreichs

Wir suchen den Kreativen (Texter), der imstande ist, in Cannes einen Löwen[1] zu holen, dem es aber mindestens so wichtig ist, die ungewöhnlichste, frechste Idee für einen Event à la Red-Bull-Flugtag zu haben. Er soll aber auch in der Lage sein, journalistische Feuilleton-Texte zu schreiben.

Kastner & Partners sitzt in Österreich am Irrsee und ist das einzige, unabhängige, weltweit operierende Agenturnetzwerk mit ca. 250 Mitarbeitern und weiteren Kunden wie Chevrolet, Haribo, Menthos usw., für die der/die Gesuchte auch internationale Aufgaben übernehmen könnte.

Alles Weitere unter Tel.: +43-62 13-89 89 14, Sabine Orliczek
Kastner & Partners in Oberhofen
Gegend 17 · A-4894 Oberhofen/Irrsee

1 bei der wichtigsten Veranstaltung der Werbebranche, dem Cannes Lions International Advertising Festival, werden Löwen als Pokal verliehen

1 Lies die Anzeige. Verstehst du, wonach hier gesucht wird?
Nenne, wer hier nach wem mit welchen Fähigkeiten sucht.

2 Formuliere eine sachliche Anzeige für dieses Stellenangebot.

3 Lies nun die nicht ganz ernst gemeinte Absage auf unverlangte Stellenangebote. Worin besteht deiner Meinung nach der Witz?

Jürgen Sprenzinger · Frieda-Forster-Str. 49 · 86399 Straßberg

Firma Kastner & Partners
Gegend 17
A-4894 Oberhofen/Irrsee

03.09.06

Ihre Stellenanzeige in der Süddeutschen Zeitung vom 02.09.2006

Sehr geehrte Damen und Herren,

mit tränenden Augen habe ich Ihre Stellenanzeige in der Süddeutschen Zeitung gelesen und muss Ihnen hiermit traurig mitteilen, dass ich von einer Bewerbung in Ihrem Unternehmen leider absehen muss.

Selbstverständlich könnte ich in Cannes einen Löwen holen – ich habe sogar schon die größten Kartoffeln aus dem Feuer geholt, in Amerika Klapperschlangen gefangen, in Florida Alligatoren gejagt, in Kanada mit bloßen Händen und ohne Gasmaske ein Stinktier gefangen und mir im Sudan beim Frauenweitwurf die Silbermedaille geholt.

Leider aber kann ich nicht schreiben wie ein Journalist, und Feuilleton-Texte schon gleich gar nicht. Ich bin froh, wenn ich meinen Einkaufszettel ordentlich hinbekomme.

Das wollte ich Ihnen nur mitteilen. Dennoch wünsche ich Ihnen für Ihre Mitarbeitersuche viel Erfolg.

Mit freundlichen Grüßen

J. Sprenzinger

4 Suche aus der Zeitung eine Stellenanzeige heraus, die sich für eine humoristische Entgegnung eignet, und schreibe eine Absage darauf.

1 Lies den folgenden Liedtext. Überlege, wer solche Sätze sagen könnte.

Farin Urlaub

Junge

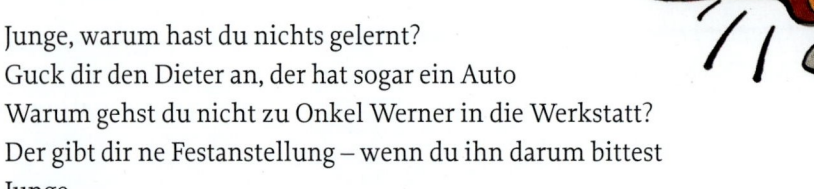

Junge, warum hast du nichts gelernt?
Guck dir den Dieter an, der hat sogar ein Auto
Warum gehst du nicht zu Onkel Werner in die Werkstatt?
Der gibt dir ne Festanstellung – wenn du ihn darum bittest
5 Junge …

Und wie du wieder aussiehst: Löcher in der Hose, und ständig dieser Lärm
Und dann noch deine Haare, da fehlen mir die Worte – musst du die denn färbn?
Nie kommst du nach Hause, wir wissen nicht mehr weiter …

Junge, brich deiner Mutter nicht das Herz
10 Es ist noch nicht zu spät, dich an der Uni einzuschreiben
Du hast dich doch früher so für Tiere interessiert, wäre das nichts für dich
Eine eigene Praxis?
Junge …

Und wie du wieder aussiehst – Löcher in der Nase, und ständig dieser Lärm
15 Elektrische Gitarren, und immer diese Texte – das will doch keiner hörn.
Nie kommst du nach Hause, so viel schlechter Umgang – wir werden dich
enterben.
Wo soll das alles enden? Wir machen uns doch Sorgen …

Und du warst so ein süßes Kind
20 Du warst so süß.
Und immer deine Freunde, ihr nehmt doch alle Drogen – und ständig dieser Lärm
Denk an deine Zukunft, denk an deine Eltern – willst du, dass wir sterben?

2 Beschreibe, welche unterschiedlichen Einstellungen zum (Berufs-)Leben
sich hier gegenüberstehen.

3 Hört euch gemeinsam das Lied von »Die Ärzte« an. Passt der Musikstil zum Text?
Begründet eure Meinung.

Merkwissen

Anekdote	(*griech.* anékdota – das nicht Herausgegebene) Eine ursprünglich mündlich überlieferte Geschichte, in der typische Eigenheiten einer bekannten Persönlichkeit, einer gesellschaftlichen Gruppe oder das Charakteristische eines bestimmten Ereignisses wiedergegeben werden. Anekdoten sind meist kurz und witzig und enden oft mit einer → Pointe.
Autor, Autorin	(*lat.* auctor – Urheber, Verfasser) Verfasser von literarischen (erzählenden, lyrischen, dramatischen) Texten, aber auch von Drehbüchern, Fernsehspielen oder Sachtexten (Fachbuch-, Lehrbuch-, Sachbuchautor).
Ballade	(*ital.* ballata – Tanzlied) Zunächst ein zum Tanzen gesungenes Lied mit Refrain, das sich ab Mitte des 18. Jh. zum Erzählgedicht mit einer spannenden bzw. dramatisch zugespitzten Handlung entwickelte. Erzählt wird in Strophen und meist in gereimter Form.
Brainstorming	(*engl.* brain – Gehirn, storm – Sturm) Eine Methode zur Ideenfindung oder Problemlösung. Dabei werden Gedanken, Gefühle, Ideen und Begriffe zu einer Frage oder einem Problem gesammelt und ungeordnet notiert.
Cluster	(*engl.* Haufen, Schwarm, Anhäufung, Traube) Genau wie → Brainstorming eine Methode zur Ideenfindung oder Problemlösung. Auch hier werden um einen Ausgangsbegriff herum spontan und schnell damit verbundene Gedanken, Gefühle, Erlebnisse geäußert. Diese werden allerdings nicht völlig ungeordnet aufgeschrieben, sondern wie ein Netz miteinander verkettet, sodass bestimmte ursächliche Zusammenhänge sichtbar werden.
Dialog	(*griech.* dialogos – Wechselrede, Zwiegespräch) Unterredung zwischen zwei oder mehreren Personen im Unterschied zum → Monolog (Selbstgespräch). → Szenische Texte bestehen fast ausschließlich aus Dialogen.
Epoche	(*griech.* Haltepunkt, Zeitabschnitt) Bezeichnet einen längeren Zeitabschnitt, der über grundlegende Gemeinsamkeiten auf einem bestimmten Gebiet verfügt (z. B. in der Geschichte der Menschheit, der Musik- oder Literaturgeschichte). In der Literatur werden jeweils Grundströmungen im literarischen Schaffen einer Zeit benannt. Dabei sind die Grenzen zwischen Epochen fließend, auch lassen sich nicht alle Autoren einer bestimmten Epoche zuordnen. Beispiele für Epochen der deutschen Literatur sind: Barock, Sturm und Drang, Klassik, Romantik, Expressionismus.

Erzähler, Ich-Erzähler	Eine vom → Autor geschaffene → Figur, die die Geschichte erzählt, d.h., Autor und Erzähler sind immer zu unterscheiden. Eine Autorin kann z.B. einen männlichen Erzähler die Geschichte vortragen lassen. Schildert eine Figur die Ereignisse in der Ich-Form, dann handelt es sich um einen Ich-Erzähler.
Erzähl-perspektive	Die Perspektive (Sicht), aus der ein Geschehen erzählt wird. Eine Erzählung kann aus der Sicht einer beteiligten Person erzählt sein, d.h. in der Ich-Form, oder der → Erzähler befindet sich außerhalb des erzählten Geschehens, d.h., es wird in der Sie-/Er-Form erzählt.
Fabel	(*lat.* fabula – Erzählung) Kurze Geschichte, mit der eine Lehre oder Moral vermittelt wird. Meist handeln sie von Tieren, die menschliche Eigenschaften verkörpern, z.B. der listige Fuchs.
Fastnachtsspiel	Theaterform, die im Mittelalter entstand und am Anfang vorrangig um Fastnacht herum aufgeführt wurde. Mit weltlichen und komischen Inhalten, enthielten oft derbe Scherze. Es gab keine Bühne, keine Regieanweisungen, keine aufwändigen Requisiten. Die Spieler waren meist Handwerksgesellen. Bekanntester Vertreter: Hans Sachs.
Figur	(*lat.* figura – Gestalt, Wuchs) Jede Person, die in einem literarischen Text vorkommt. Man unterscheidet dabei zwischen Haupt- und Nebenfiguren, je nach ihrem Anteil am Geschehen. Eine Figur wird charakterisiert durch ihr Äußeres, ihr beschriebenes Verhalten und eigene Äußerungen (Gedanken oder wörtliche Rede). Die Beziehung der Figuren zueinander nennt man → Figurenkonstellation.
Figuren-konstellation	Beschreibt die Gruppierung der Figuren in einem epischen oder dramatischen Werk. Dabei wird untersucht, in welchem Verhältnis die Figuren zueinander stehen und wie sich die wechselseitigen Beziehungen zwischen ihnen während des Handlungsverlaufes entwickeln bzw. ändern. Sind sie Gegner oder Verbündete? Welche Gefühle hegen sie füreinander?
Gedicht	In einem Gedicht möchte der → Autor Gedanken und Gefühle zu einem bestimmten Thema ausdrücken (z.B. Natur, Liebe, Politik). Dabei verwendet er oft → sprachliche Bilder. Gedichte kann man in → Strophen unterteilen, die aus mehreren → Versen bestehen. Sie haben einen bestimmten Rhythmus und können sich nach einem bestimmten Schema → reimen. In Gedichten spricht oft ein → lyrisches Ich, das nicht mit dem Autor verwechselt werden darf.
Gestik	Bezeichnet Körperbewegungen, um Aussagen zu unterstützen oder um sich ohne Worte zu verständigen.

Haiku	(*jap.* lustiger Vers) Kürzeste Gedichtform, die ursprünglich aus Japan stammt. Das Haiku besteht aus 17 Silben, die auf drei Verse zu 5, 7, 5 Silben verteilt sind. Themen sind vor allem Beobachtungen aus der Natur.
Handlung	Dabei unterscheidet man die äußere Handlung, die das sichtbare Geschehen, die Außenwelt, zeigt. Hier handeln und sprechen die Figuren direkt. Die innere Handlung dagegen umfasst die Gedanken und Gefühle der Figuren, also deren Innenwelt.
Hörspiel	Ein für den Hörfunk produziertes oder bearbeitetes Stück, das allein mit akustischen Mitteln (Wort, Ton, Geräusche) arbeitet.
Kalender- geschichte	Kurze Erzählungen, die seit dem 16. Jh. für Kalender geschrieben wurden. Gegenstand sind merkwürdige, lustige oder nachdenklich stimmende Begebenheiten, die die Leser unterhalten und belehren sollen. Etwa seit dem 20. Jh. erscheinen sie überwiegend in Buchform. Zu den bekanntesten Autoren gehören Johann Peter Hebel, Erwin Strittmatter und Bertolt Brecht.
Konflikt	(*lat.* conflictus – Zusammenstoß) Problem der Hauptfigur, das sie im Verlauf der Handlung lösen muss. Das kann ein Streit sein oder eine schwierige Entscheidung.
Kurzgeschichte	Kurze und prägnante Erzählung (in Anlehnung an die amerikanischen *short stories*), die durch typische Merkmale gekennzeichnet ist: Erzählt wird ein einzelnes Erlebnis oder Ereignis, die Sprache ist knapp und alltäglich, manches wird nur angedeutet. Es treten wenige → Figuren auf. Die Handlungszeit ist auf wenige Stunden begrenzt, oft gibt es nur einen Handlungsort. Der Beginn ist meist unvermittelt, das Ende offen und mitunter überraschend.
Kriminal- geschichte	Erzählung, in deren Mittelpunkt ein Verbrechen steht (z. B. Diebstahl, Mord). Dabei liegt der Schwerpunkt entweder auf der Tat und dem Täter oder auf der Aufklärung des Verbrechens durch einen Detektiv. In erstem Fall geht es um die Bedingungen, unter denen das Verbrechen geschieht, im zweiten Fall um Spurensuche und Beweisführung. Berühmte Detektive der Kriminalliteratur sind Sherlock Holmes oder Miss Marple.
lyrisches Ich	Bezeichnet den Sprecher des Gedichts, also das sprechende, künstlerisch gestaltete Ich, das nicht mit dem Ich des → Autors übereinstimmt.

Märchen	(*mhd.* mære – Kunde, Mitteilung) Kurze Erzählung mit meist fantastischem Inhalt. Man unterscheidet die mündlich überlieferten Volksmärchen, wie die von den Brüdern Grimm gesammelten »Kinder- und Hausmärchen«, und die von einem → Autor verfassten Kunstmärchen, z. B. von Hans Christian Andersen. Die → Figuren haben typische Eigenschaften und sind in Gut und Böse unterschieden. Die Handlung ist oft in drei Teile gegliedert, häufig gibt es wiederkehrende Zauber- und Verwünschungsformeln sowie ähnliche sprachliche Wendungen zu Beginn und am Ende.
Metapher	(*griech.* metaphora – Übertragung) Ein Wort wird nicht in seiner eigentlichen Bedeutung gebraucht, sondern im bildlichen, übertragenen Sinne. Diese Bedeutungsübertragung entsteht aufgrund eines gemeinsamen Merkmals, z. B. *Stuhlbein* oder *Lebensabend*. Metaphern kommen auch in unserer Umgangssprache vor, in Gedichten dienen sie der Veranschaulichung einer Aussage.
Mimik	Bezeichnet den Gesichtsausdruck. Im Alltag, auf der Bühne oder im Film kann man an der Mimik die Gefühle eines Menschen ablesen.
Monolog	(*griech.* monologos – allein sprechend) Selbstgespräch einer Person im Gegensatz zum Zwiegespräch (→ Dialog). Im Drama, aber auch in erzählender Literatur kann eine handelnde Figur in einem Monolog ihre Gedanken äußern.
Parallelgedicht	Übernimmt das Muster des Vorbilds und füllt es mit neuem Inhalt.
Personifizierung	Naturerscheinungen oder Gegenstände verhalten sich wie Menschen, z. B. *beißender Frost, das Haus ächzte im Sturm.*
Pointe	(*frz.* Spitze, Schärfe) Unerwartete Wendung, z. B. zum Schluss einer → Anekdote, mit dem Ziel, durch ihren Witz die Zuhörer oder Leser zum Lachen zu bringen.
Puppenspiel	(auch Figurentheater) Sonderform des darstellenden Spiels, bei dem Figuren oder Gegenstände von einem meist verdeckten Puppenspieler geführt werden.
Refrain	(*frz.* Echo) Regelmäßig wiederkehrende Wortgruppe in Liedern oder Gedichten, die meist zwischen den einzelnen Strophen steht.
Regieanweisung	(*frz.* régie – Verwaltung) Hinweise des Bühnenautors zu Bühnenbild, Sprechweisen, Figurenverhalten und Kostümen. Diese Hinweise werden nicht mitgesprochen. Im Text sind sie meist schräg gedruckt oder in Klammern gesetzt.

Reim	Gleichklang von Wörtern *(Hut – gut)* am Ende zweier → Verse, z. B. der Paarreim (aabb), der Kreuzreim (abab) und der umarmende Reim (abba).
Sage	Mündlich überlieferte Erzählung von teils wunderbaren Begebenheiten, die sich auf historische Ereignisse, Naturerscheinungen oder landschaftliche Eigenheiten beziehen. Es können Zwerge, Riesen, Tiere oder Menschen mit übernatürlichen Fähigkeiten auftreten, im Gegensatz zum Märchen wird jedoch ein höherer Realitätsanspruch gestellt. Man unterscheidet Heimat- und Ortssagen (z. B. »Krabat«), Göttersagen (z. B. »Prometheus«) oder Heldensagen (z. B. »Ring der Nibelungen«).
Sketch	*(engl.* Skizze) Kurze, witzige Szene mit überraschender Wendung.
Schwank	*(mhd.* swanc – Streich, Hieb) Seit dem 15. Jh. Bezeichnung für eine kleine Erzählung mit scherzhaftem oder moralischem Inhalt. Oft handeln Schwänke von kleinen Pannen im Alltag oder auch der Überlistung eines dummen Menschen durch einen klugen, wie bei Till Eulenspiegel oder Hodscha Nasreddin.
sprachliche Bilder	Geben menschliche Erfahrungen, Gefühle oder Gedanken wieder, die manchmal nur für unser »inneres Auge« vorstellbar sind.
Stegreifspiel	Kurzes unvorbereitetes Rollenspiel zu einem Thema.
Strophe	*(griech.* strophe – Wendung, Dehnung) Abschnitt eines Gedichts, der sich aus mehreren → Versen zusammensetzt.
Szene	*(griech.* skene – Zelt, Bühne) Sinneinheit innerhalb einer Handlung. Sie ist die kleinste Einheit eines Theaterstücks, oft werden mehrere Szenen zu einem Akt zusammengefasst. Im Film besteht eine Szene aus einer oder mehreren Einstellungen.
szenischer Text	Wird in → Dialogen geschrieben, es gibt keinen → Erzähler. Ziel ist es, den Text als Handlung zu spielen. Oft gibt es → Regieanweisungen mit Hinweisen zur Handlung oder zum Sprechen.
Vergleich	Verbindet Wörter oder Wortgruppen mit »wie« oder »als (ob)«, um etwas miteinander zu vergleichen und dadurch deutlicher zu machen. Wird in der Alltagssprache verwendet oder als sprachliches Mittel im Gedicht, z. B. *Die Luft ist wie aus grauem Tuch.*
Vers	*(lat.* versus – Wendung, Linie) Bezeichnet die einzelne Gedichtzeile. Mehrere Verse ergeben eine → Strophe.
Zeilensprung	Übergang eines Satzes oder Teilsatzes am Ende eines → Verses in die nächste Zeile. Bewirkt ein Innehalten.

Quellenverzeichnis

Angebot und Nachfrage nach Ausbildungsstellen (S. 147). Aus: http://www.arbeitsagentur.de/ nn_27044/Dienststellen/RD-S/Bautzen/AA/ Zahlen-Daten-Fakten/Ausbildungsmarkt/ Generische-Publi/Jahresbilanz-der-Berufsberatung-2009-2010.pdf [06.07.2011]

Auszug aus einem Soldatenbrief (S. 132). Aus: http://www.g-geschichte.de/pdf/plus/ soldatenbriefe_aus_dem_ersten_weltkrieg.pdf. [06.07.2011]

Becher, Johannes R. (1891–1958): *Diese zwei Strophen ... (S. 131).* Aus: Das poetische Prinzip. Berlin, Weimar: Aufbau Verlag, 1957, S. 339 f.

Bierbaum, Otto Julius (1865–1910): *Reisespruch (S. 47).* Aus: Irrgarten der Liebe. Berlin, Leipzig: Schuster & Löffler, 1901, S. 453 f.

Böll, Heinrich (1917–1985): *Die Waage der Baleks (S. 90).* Aus: Balzer, Bernd (Hg.): H. B.: Werke. Romane und Erzählungen 2. Köln: Kiepenheuer & Witsch, o. J., S. 45 ff.

Börner, Gerd: *jwd (S. 53).* Aus: http://www. artgerecht-und-ungebunden.de/Haiku-Foyer/ Mundart-Haiku/Gerd-Boerner-1.htm [06.07.2011]

Böttcher, Bas (geb. 1974): *Geh'n wir! Teil 1 (S. 51).* Unveröffentlichtes Manuskript. Aus: http:// lyrikline.org [06.07.2011]

Brecht, Bertolt (1898–1956): *Morgens und abends zu lesen (S. 56).* Aus: B. B.: Gesammelte Werke in 20 Bänden. Band 9. Frankfurt/M.: Suhrkamp, 1967, S. 586.

Bürger, Gottfried August (1747–1794): *Der Bauer an seinen Durchlauchtigen Tyrannen (S. 122).* Aus: Grimm, Gunter E. (Hg.): G. A. Bürger: Gedichte. Stuttgart: Philipp Reclam jun., 1997, S. 25.

Burkhardt, Nicole: *Ich habe ... (S. 57).* Schülertext.

Dahl, Roald (1916–1990): *Lammkeule (S. 70).* Aus: R. D.: Georgy Porgy. Gesammelte Erzählungen. Ins Deutsche übertragen von Hans-Heinrich Wellmann. Reinbek bei Hamburg: Rowohlt Verlag, 1996, S. 7 ff.

Das Hildebrandslied (S. 63). Übersetzung von Arnd Großmann. Aus: http://de.wikisource.org/ wiki/Hildebrandslied [06.07.2011]

Das Nibelungenlied (Auszug) *(S. 66).* Aus dem Mittelhochdt. übertragen von Günter Kramer. Berlin: Verlag der Nation, 1982, S. 5, 133 ff.

die liebe (S. 19). Schülertext.

Doyle, Arthur Conan (1859–1930): *Ein Skandal in Böhmen* (Auszug) *(S. 78).* Aus: A. C. D.: Die Abenteuer des Sherlock Holmes. Neu übersetzt von Gisbert Haefs. Zürich: Haffmanns Verlag, 1984, S. 7 ff.

Drawe, Anna: *Im Warenhaus (S. 87).* Aus: Vorlesebuch Religion I. Göttingen: Vandenhoeck & Ruprecht, 1971, S. 236 f.

Dû bist mîn (S. 62). Aus: Deutsche Lyrik des frühen und hohen Mittelalters. Edition der Texte und Kommentare von Ingrid Kasten. Übersetzungen von Margherita Kuhn. Frankfurt/M.: Deutscher Klassiker Verlag, 1995, S. 30.

Ecke, Wolfgang (1927–1983): *Der Dieb von Amsterdam (S. 82).* Aus: W. E.: Club der Detektive. 65 Kriminalfälle zum Selberlösen. Ravensburger Buchverlag, 1997, S. 140 ff.; *Der Test (S. 84).* Aus: ebenda, S. 255 ff.

Erxleben, Eckhard: *Ick kiek ut fäster (S. 53).* Aus: Echo des Moments. Schweinfurt: Wiesenburg Verlag, 2006.

Fried, Erich (1921–1988): *Lernfähigkeit (S. 61).* Aus: E. F.: Gesammelte Werke. Band 3. Gedichte. Berlin: Verlag Klaus Wagenbach, 1993, S. 239.

Funke, Cornelia (geb. 1958): Herr der Diebe. Sonderausgabe mit Filmbildern. Hamburg: Cecilie Dressler Verlag, 2005, S. 7 ff.

Goethe, Johann Wolfgang von (1749–1832): *Beherzigung (S. 61).* Aus: Trunz, Erich (Hg.): Goethes Werke. Band 1. Gedichte und Epen 1. München: C. H. Beck Verlag, 1996, S. 133.

Gewi, Heike: *Großmuddors Ährndach (S. 53).* Aus: http://www.artgerecht-und-ungebunden. de/Haiku-Foyer/Mundart-Haiku/Heike-Gewi-1. htm [06.07.2011]

Günderrode, Karoline von (1780–1806): *Die eine Klage (S. 59).* Aus: Wolf, Christa (Hg.): Der Schatten eines Traumes. Gedichte, Prosa, Briefe, Zeugnisse von Zeitgenossen. Darmstadt, Neuwied: Luchterhand Verlag, 1979, S. 109 f.

Hein, Jakob (geb. 1971): *Nu werdense nich noch frech (S. 24).* Aus: J. H.: Mein erstes T-Shirt. München: Piper, 2001, S. 129 ff.

Heine, Heinrich (1797–1856): *Im wunderschönen Monat Mai (S. 54).* Aus: H. H.: Sämtliche Schriften. Bd. 1. München, Wien: Carl Hanser Verlag, 1968, S. 75; *Dass du mich liebst, das wusst ich (S. 56).* Aus: H. H.: Säkularausgabe Bd. 2. Berlin: Akademie Verlag, 1979, S. 27.

Henn, Carsten Sebastian (geb. 1973): *Liebe ist ein Frühlingsfest (S. 54).* Aus: Himmelhochjauchzend – zu Tode betrübt. Poesie für alle Liebeslagen. München: Deutscher Taschenbuchverlag, 2004, S. 19.

Herr der Diebe – Der Film (S. 34). Dialogtext nach: Claus, Richard und Musgrave, Daniel: Herr der Diebe. Warner Bros Family Entertainment 2006.

Hoddis, Jakob van (1887–1942): *Weltende (S. 131).* Aus: Pinthus, Kurt (Hg.): menschheitsdämmerung. ein dokument des expressionismus. Rowohlts Klassiker der Literatur und der Wissenschaft. Deutsche Literatur Band 4. Hamburg: Rowohlt Taschenbuch Verlag, 1959, S. 39.

Holz, Arno (1863–1929): *Märkisches Städtchen (S. 50).* Aus: Israel, Jürgen und Walther, Peter (Hg.): Musen und Grazien in der Mark. 750 Jahre Literatur in Brandenburg. Ein Lesebuch. Berlin: Lukas Verlag, 2002, S. 223.

Hugo, Victor (1802–1882): *Die Zukunft hat viele Namen (S. 7).* Zitiert nach: Fred Endres: Maximen der Lebenskunst. E-Book, 1997, S. 108.

Jandl, Ernst (1925–2000): *wanderung (S. 47).* Aus: E. J.: Sprechblasen. Mit einem Nachwort des Autors. Stuttgart: Philipp Reclam jun., 1979, S. 74.

Kleist, Heinrich von (1777–1811): *Der zerbrochne Krug* (Auszug) *(S. 99).* Sembdner, Helmut (Hg.): H. v. K.: Werke in einem Band (Jubiläumsbibliothek der deutschen Literatur. Zürich: Ex Libris, o. J., S. 121 ff.

Köppen, Edlef (1893–1939): *Mein armer Bruder – warum tat man das? (S. 133).* Aus: Reso, Martin (Hg.) in Zusammenarbeit mit Silvia Schlenstedt und Manfred Wolter. Expressionismus. Berlin, Weimar: Aufbau Verlag, 1969, S. 386.

Krausser, Helmut (geb. 1964): *heute hat sie nicht angerufen (S. 58).* Aus: Himmelhochjauchzend – zu Tode betrübt. Poesie für alle Liebeslagen. München: Deutscher Taschenbuchverlag, 2004, S. 37.

Lasker-Schüler, Else (1869–1945): *Weltende (S. 130).* Aus: Ginsberg, Ernst (Hg.): E. L.-Sch.: Dichtungen und Dokumente. München: Kösel-Verlag, 1951, S. 88.

Lotz, Ernst Wilhelm (1890–1914): *Wir sind nach Dingen krank … (Auszug) (S. 119).* Aus: Bode, Dietrich (Hg.): Fünfzig Gedichte des Expressionismus. Stuttgart: Philipp Reclam jun., 2002, S. 9.

Murail, Marie-Aude (geb. 1954): *Über kurz oder lang* (Auszug) *(S. 136).* Aus dem Engl. von Tobias Scheffel. Frankfurt/M.: Fischer Taschenbuchverlag, 2010, S. 9 ff.

Murdock, Catherine Gilbert: *Wir Kühe* (Auszug) *(S. 16).* Aus dem Amerik. von Gerda Bean. Hamburg: Carlsen Verlag, 2006, S. 179 ff.

Procházková, Iva (geb. 1953): *Die Nackten* (Auszug) *(S. 20, 144).* Mannheim: Sauerländer, 2008, S. 140 ff., S. 138 ff.

Rayban, Chloë (geb. 1944): *Echt unecht.* (Auszug) *(S. 140).* Aus dem Engl. von Nina Schindler. München: C. Bertelsmann Verlag GmbH, 1998, S. 115 ff.

Rees, Celia (geb. 1949): *Klassenspiel.* (Auszug) *(S. 11).* Aus dem Engl. von Cornelia Krutz-Arnold. München: ars edition, 2002, S. 69 ff.

Roth, Eugen (1895–1976): *Gehversuche (S. 60).* Aus: E. R.: Sämtliche Werke. Erster Band: Heitere Verse. München, Wien: Carl Hanser Verlag, 1977, S. 374.

Schiller, Friedrich (1759–1805): *Die Räuber* (Auszug) *(S. 119, 124).* Aus: Stapf, Paul (Hg.): Schillers Werke. Berlin, Darmstadt, Wien: Deutsche Buch-Gemeinschaft, 1964, S. 73, S. 27 ff.

Schönen, Michael (geb. 1970): *Überschrift Doppelpunkt Diktat (S. 57).* Aus: Zehrer, Klaus Cäsar und Gernhardt, Robert (Hg.): Hell und schnell. 555 komische Gedichte aus 5 Jahrhunderten. Frankfurt/M.: S. Fischer Verlag, 2004, S. 363.

Schott, Hanna (geb. 1959): *Fritzi war dabei. Eine Wendewundergeschichte.* (Auszug) *(S. 27).* Leipzig: Klett Kinderbuch, 2009, S. 17.

Sommer, Ulrike: *Du (S. 58).* Schülertext. Aus: Postbox 1991.

Sprenzinger, Jürgen (geb. 1949): *Sehr geehrter Herr Hornbach. Um ein Haar hätte ich mich bei Ihnen beworben. Absagen auf unverlangte Stellenangebote.* (Auszug) *(S. 148).* München: Knaur Taschenbuch, 2008, S. 66 f.

Steinhöfel, Andreas (geb. 1962): *Trügerische Stille* (Auszug) *(S. 8).* München: Deutscher Taschenbuch-Verlag (dtv junior), 1998, S. 60 ff.

Stramm, August (1874–1915): *Im Feuer (S. 128).* Aus: A. S.: Das Werk. Wiesbaden: Limes Verlag, 1963, S. 90; *Patrouille (S. 133).* Aus: ebenda, S. 86.

Thenior, Ralf (geb. 1945): *Gran Canaria (S. 49).* Aus: R. Th.: Traurige Hurras. Gedichte und Kurzprosa. München: Thienemann, 1979, S. 33.

Trakl, Georg (1887–1914): *Vorstadt im Föhn (S. 129).* Aus: Killy, Walther und Szklenar, Hans (Hg.): Das dichterische Werk. Salzburg: Otto Müller Verlag, 1986.

Tucholsky, Kurt (1890–1935): *Luftveränderung (S. 48).* Aus: Gerold-Tucholsky, Mary und Raddatz, Fritz J. (Hg.): Gesammelte Werke. Bd. III. Reinbek: Rowohlt Taschenbuch, 1975, S. 534.

Urlaub, Farin (eigentl. Jan Ulrich Max Vetter, geb. 1963): *Junge (S. 150).* Aus: Die Ärzte: Jazz ist anders. Booklet. Hot Action Records GmbH 2007.

Walther von der Vogelweide (um 1170–1230): *Under der linden (S. 62).* Aus: Gedichte. Ausgew. und übers. v. P. Wapnewski. Frankfurt/M.: Fischer Taschenbuch, 1962, S. 81.

Wann spricht der Gesetzgeber von Betrug? (S. 96). Aus: Strafgesetzbuch der Bundesrepublik Deutschland. § 263 Betrug.

Texte der Autorinnen

Biografische Fakten in die Analyse einbeziehen (S. 26)
Geschichte und Geschichten (S. 30)
Kleines Filmlexikon (S. 38)
Eine Literaturszene verfilmen (S. 42)
Heimat – was ist das? (S. 52)
Gedichte aus verschiedenen Zeiten vergleichen (S. 54)
Lesen als Spurensuche (S. 81)
Kleines Theaterlexikon (S. 98)
Eine Dramenfigur analysieren (S. 106)
Die Figurenkonstellation im Drama untersuchen (S. 118)
Was man unter einer literarischen Epoche versteht (S. 120)
Sturm und Drang (S. 123)
Expressionismus (S. 128)
Der Erste Weltkrieg – Europa versinkt in Finsternis (S. 132)
Im Farbrausch – expressionistische Malerei (S. 134)
Berufsbild: Verkäufer/in (S. 145)
Welcher Beruf passt zu mir? (S. 146)

Fachübergreifendes

Geschichte und Geschichten (S. 30). Autorentext.
Kleines Filmlexikon (S. 38). Autorentext.
Kleines Theaterlexikon (S. 98). Autorentext.
Heimat – was ist das? (S. 52). Autorentext.
Wann spricht der Gesetzgeber von Betrug? (S. 96). Aus: Strafgesetzbuch der Bundesrepublik Deutschland. § 263 Betrug.
Der Erste Weltkrieg – Europa versinkt in Finsternis (S. 132). Autorentext.
Im Farbrausch – expressionistische Malerei (S. 134). Autorentext.

Wir danken den Rechteinhabern für die Abdruckgenehmigung. Da es uns leider nicht möglich war, alle Rechteinhaber zu ermitteln, bitten wir, sich gegebenenfalls an den Verlag zu wenden.

Lösungen einiger Aufgaben des Lesebuchs

S. 39

Detail: ein vergrößerter Ausschnitt aus einem Gesicht oder von einem Gegenstand

Nah: eine Person vom Kopf bis zu den Schultern

Amerikanisch: nur den Oberkörper einer Person

Halbnah: eine Person oder eine kleine Personengruppe

Halbtotale: einen Ausschnitt der Landschaft oder der Menschengruppe

Totale: eine ganze Landschaft oder Stadt oder eine große Menge Menschen

S. 53

Heike Gewi

Großmutters Ehrentag –
Mit angelaufener (= beschlagener) Brille
Kuchen essen.
(sächsisch)

Gerd Börner

ganz weit draußen (jwd = janz weit draußen)
auf dem Ascheplatz
rumgurken (= Fußball spielen)
(berlinisch)

Eckhard Erxleben

ich guck aus dem fenster
und was seh ich dann draußen
die nachbarin guckt auch
(ostmärkisch)

S. 62

Mögliche Übersetzung von »Under der linden«:
Unter der Linde,
an der Heide,
wo unser beider Bett war,
da könnt ihr finden
schön gepflückte Blumen und Gras.
Am Waldrand in einem Tal,
Tandaradei,
schön sang die Nachtigall.

Mögliche Übersetzung von »Dû bist mîn«:
Du bist mein, ich bin dein:
Dessen sollst du sicher sein.
Du bist eingeschlossen
In mein Herz:
Verloren ist das Schlüsselein.
Du musst immer drinnen bleiben.

S. 66

Mögliche Übersetzung der zweiten Strophe von »Das Nibelungenlied«:
Es wuchs in Burgund   ein sehr edles Mägdelein,
das es in allen Landen   nicht schöner gab.
Kriemhild war sie geheißen   und war ein schönes Weib,
Wegen dem viele Helden   das Leben verloren.

S. 69

Astrid Lindgren – Kalle Blomquist
Arthur Conan Doyle – Sherlock Holmes
Agatha Christie – Miss Marple

S. 84–86

Der Test enthält sieben sachliche Fehler.

1. Rembrandt war kein deutscher Künstler, sondern ein Holländer.
2. Rembrandt malte herrliche Bilder, hat aber nichts komponiert.
3. Beethoven schuf wunderbare Musik, konnte jedoch nicht malen.
4. Mulligan hatte nur drei Beamte mitgebracht, setzte aber vier ein.
5. Es war Arthur Hulls Geburtstag, keine Feier anlässlich seiner Ernennung zum Präsidenten.
6. Erst war es ein anonymer Anruf, dann plötzlich ein anonymer Brief.
7. Zwölf Uhren (ein Dutzend) wurden eingesammelt, aber nur elf Herren suchten später danach.

Verwendete Textsorten

Bildquellen